Aurélia Beaupommier

Zauberhafte Küche ...

... von Aladin bis Zelda

Zauberfeder, Braunschweig, Germany

Aurélia Beaupommier

Zauberhafte Küche ... von Aladin bis Zelda

2. Auflage 2020

Text: Aurélia Beaupommier
Bearbeiter der Originalausgabe: Didier Férat, Corinne Cesano, Marjorie Goussu und Sylvie Gauthier
Übersetzung: Diana Bürgel
Lektorat: Stephan Naguschewski
Fotos: Pierre Chivoret
Foodstyling: Alexia Janny-Chivoret
Illustrationen: MOSHI MOSHI Studio (Amélie du Petit Thouars, Éloïse de Guglielmo)
Satz und Layout: Christian Schmal, Heike Philipp
Herstellung: Tara Tobias Moritzen
Druck und Bindung: UAB BALTO print, Vilnius

Printed in Lithuania
ISBN 978-3-938922-95-8
www.zauberfeder.de

Aurélia Beaupommier

Zauberhafte Küche …

… von Aladin bis Zelda

„Buch! Öffne dich ...“

7
Vorwort

8
Mein Who is Who der Zauberer

16
Zauberhafte Speisen für jeden Tag

Gerichte, die das Beste aus der Vorratskammer eines modernen Zauberers herausholen, um dem ganz alltäglichen Essen einen Hauch Magie zu verleihen.

60
Köstlichkeiten für besondere Tage

Zauberhafte Gerichte zur Feier ganz spezieller Anlässe: der erste eigene Zauberstab, der erste Flug auf einem magischen Teppich oder einfach ein Beisammensein mit Zauberern, die euch nahestehen.

102
Sagenhafte Süssigkeiten und Leckereien

Faszinierende Süßspeisen und Desserts, die selbst die wildesten Drachen ganz sanft und sorglos machen.

146
Betörende Tränke

Zaubertränke, Elixiere und Nektare, die sowohl den Durst löschen als auch die Geschmacksknospen verzaubern und wahre Liebe wecken.

179
Autorenportrait • Danksagung

180
Index

182
Bibiliographie

Vorwort

Dieses Buch ist aus einer Plauderei unter Freunden entstanden. An einem Stückchen Kuchen knabbernd, meinte einer von uns, dass Mary Poppins den auch nicht besser hinbekommen hätte. Ein anderer warf ein, dass Gandalf ein kleiner Stärkungstrank vermutlich lieber gewesen wäre als ein Stück Kuchen, woraufhin Freund Nummer drei bemerkte, dass die Weiße Hexe aus Narnia ein ganz hervorragendes verzaubertes Lokum zubereiten könne.

Dieses Gespräch weckte meine Neugier, und ein Gedanke begann, in meinem Kopf zu kreisen: Wenn Hexen und Zauberer einmal nicht damit beschäftigt sind, Zaubersprüche zu wirken, die Welt zu retten oder finstere Pläne zu schmieden, was essen sie dann gerne?

Die daraus resultierenden Nachforschungen waren absolut faszinierend. Ohne mich von der schieren Menge einschüchtern zu lassen, durchstöberte ich riesige Stapel staubiger Zauberbücher und Kilometer von Regalbrettern und verbrachte ungezählte Stunden damit, mir Filme und Fernsehserien anzusehen. Schließlich hatte ich eine ganze Menge Dschinn, Magier, Feen, Hexen und Zauberer aller Formen und Größen aufgetrieben, die mich in die Geheimnisse ihrer kleinen Leckereien und gewaltigen Festessen einweihten und mir verrieten, was in ihren Grimoires stand. Und während einige der Rezepte von den verschiedenen Welten, in denen diese Magier und Zauberwesen zu Hause sind, inspiriert wurden, ist doch die große Mehrheit direkt aus ihren Abenteuern entnommen.

Vom Babylon des Bartimäus vor 3.000 Jahren bis hin zu Circe, der interstellaren Zauberin aus *Odysseus 31*; vom allgegenwärtigen Harry Potter bis zu Puck, dem spitzbübischen nächtlichen Wanderer aus *Ein Sommernachtstraum*; von Willow Ufgood und traditionellen Märchen *(Die Schneekönigin, Schneewittchen)* bis zu den Superhelden unserer Zeit (Doctor Strange); nicht zu vergessen die Magier der digitalen Welt (World of Warcraft) und die von Kinoleinwänden und Fernsehbildschirmen bekannten Gesichter – ich lade Euch ein, die köstlichen Gerichte all dieser magischen Wesen zu entdecken.

Der Übersichtlichkeit halber habe ich dieses Buch in mehrere Kapitel unterteilt. Das erste Kapitel befasst sich mit der alltäglichen Küche, mit dem Essen, das man ohne viel Tamtam seinen Freunden und seiner Familie serviert. Einfach zuzubereiten, mit dem, was die durchschnittliche Vorratskammer eines modernen Zauberers hergibt. Das zweite Kapitel geht in die Vollen und gibt an die Hand, was man braucht, um echte Festmahle zuzubereiten. Das dritte Kapitel ist den süßen Leckereien und kleinen Sünden gewidmet, da Magie und Dekadenz seit jeher Hand in Hand gehen. Und das vierte Kapitel steht ganz im Zeichen der Zaubertränke, jener kostbaren Elixiere, mit denen Zauberer sich zahlreiche ihrer Unterfangen einfacher machen.

Jetzt seid Ihr an der Reihe. Genießt dieses Buch und die herrlichen Geschichten, aus denen es entspringt. Also los: Zückt euren Zauberstab, holt den besten Kessel aus dem Schrank und denkt vor allem immer daran: „Wer nicht an Magie glaubt, wird sie niemals finden.“ (Roald Dahl)

Aurélia Beaupommier

Mein Who is Who der Zauberer

Aladin

Aladin, ein Junge aus dem Armenviertel der Stadt und der Held der Erzählungen aus Tausendundeine Nacht, trifft auf einen mächtigen Zauberer namens Jafar. Dieser trägt ihm auf, aus einer geheimnisvollen Höhle eine schlichte Lampe zu holen, weil er es selbst nicht könne. Aladin ist misstrauisch und will Jafar die Lampe erst übergeben, wenn dieser ihm aus der Wunderhöhle geholfen hat. Wütend sperrt der Zauberer ihn in der Höhle ein, und weil er Licht braucht, reibt Aladin schließlich an der Lampe und findet heraus, dass darin ein Dschinn lebt, der ihm mit seinen sagenhaften Kräften die wildesten Träume erfüllen kann. Aber Jafar will sich die Lampe zurückholen, und er wird vor nichts zurückschrecken, um die Mächte des Dschinns zu seinem eigenen Vorteil zu nutzen.

Rezepte auf den Seiten 19, 20, 21, 125, 126, 173.

Asterix und Obelix

Miraculix ist der Druide in Asterix' kleinem Dorf in Gallien aus den Comics von René Goscinny und Albert Uderzo. Das Dorf ist berühmt dafür, dass es den römischen Eroberern unverdrossen Widerstand leistet. In eine ehrwürdige weiße Robe gekleidet – passend zu seinem ebenso ehrwürdigen weißen Bart –, mitsamt Sandalen und rotem Umhang, ist Miraculix die Klugheit und Weisheit in Person. Nie würde man sich auf ein Abenteuer begeben, ohne vorher Miraculix um Rat gefragt zu haben. Er ist es auch, der den berühmten Zaubertrank braut, dessen geheimes Rezept nur mündlich von Druide zu Druide weitergegeben wird! Jenen, die den Trank zu sich nehmen, verleiht er übermenschliche Kräfte, dank derer die Dorfbewohner ihre Feinde bekämpfen und Asterix und Obelix zahllose Gefahren überwinden können.

Rezepte auf den Seiten 93,175.

Die Bartimäus-Trilogie

Die Bartimäus-Trilogie ist eine Romanreihe von Jonathan Stroud, die von 2003 bis 2005 veröffentlicht wurde. Bartimäus ist ein Dschinn und um die fünftausend Jahre alt. Er ist respektlos und sarkastisch und er verfügt über einen beißenden Humor. Eines Tages wird er von Nathanael, einem begabten jungen Zauberer, ins London des zwanzigsten Jahrhunderts gerufen. Bartimäus hilft ihm dabei, ein Komplott des dunklen Zauberers Simon Lovelace aufzudecken und dabei allen Fallen aus dem Weg zu gehen. Später beschwört Nathanael, nun bekannt unter dem Namen John Mandrake und der jüngste Minister der Geschichte, Bartimäus wieder herauf, welcher genau der Richtige ist, um es mit einer gewaltigen Verschwörung von verräterischen Zauberern, mächtigen Dämonen, unzerstörbaren Golems und sturen Rebellen aufzunehmen.

Rezepte auf den Seiten 33, 34, 36, 69, 70, 119, 120, 168.

Die Chroniken von Narnia

Laut C. S. Lewis, dem Autor dieser Romanreihe, war es eher ein Zufall, dass Digory und seine Freundin Polly Narnia erschufen, während sie mit ihren magischen Ringen spielten. Jadis, die Weiße Hexe, ist eine furchtbare Zauberin, halb Riesin, halb Dschinn. Von Digory wachgerufen, taucht sie kurz darauf in Narnia auf und herrscht einhundert Jahre lang, wobei sie sicherstellt, dass „immer Winter, aber niemals Weihnachten ist." Sie kämpft gegen Peter, Susan, Edmund und Lucy Pevensie und wird von Aslan in der Schlacht von Beruna besiegt. Ihre Schwester schickt Eustachius und seine Gefährten zum Herbstfest der Riesen von Harfang. Bei der Erkundung der Einsamen Inseln begegnen der Mannschaft der Morgenröte zahlreiche magische Phänomene, etwa die Höhle, in der Eustachius sich im Schlaf in einen Drachen verwandelt, oder die Insel der Tölpelbeiner.

Rezepte auf den Seiten 25, 26, 77, 78, 81, 143 169, 171.

Doctor Strange

Stephen Strange aus dem Comic von Stan Lee und Steve Ditko ist im Handumdrehen zum weltbesten Neurochirurgen geworden, aber er kann nicht gut mit dem Erfolg umgehen, der mit seinem kometenhaften Aufstieg einhergeht. Er wird selbstsüchtig und arrogant, und er lässt Patienten leiden, um reicheren Klienten, die sich seine Dienste leisten können, den Vorzug zu geben. Bei einem Autounfall verletzt er sich beide Hände und verliert daraufhin seine legendäre Geschicklichkeit. Strange betrachtet sein Leben als ruiniert und fällt in eine tiefe Depression. Schließlich hört er von einer tibetanischen Heilerin, der Ältesten, die seine letzte Chance sein könnte. Die Älteste ist eine Meisterin der okkulten Wissenschaften. Sie heilt Strange zwar nicht, aber sie unterrichtet ihn in der Magie und macht einen mächtigen Zauberer aus ihm.

Rezepte auf den Seiten 58, 105.

Dungeons & Dragons

Zum Pen-&-Paper-Rollenspiel Dungeons & Dragons wurden später auch Videospiele und Filme entwickelt und seine Welt hat viele Fantasyromane inspiriert. Die von den Spielern repräsentierten Helden leben in einer mittelalterlichen Fantasywelt, in der sie Abenteuer bestehen, Rätsel lösen, Verschwörungen durchkreuzen oder Flüche brechen müssen. Die Charaktere gehören verschiedenen Rassen an (Elfen, Zwerge ...) und sie gehen unterschiedlichen Tätigkeiten nach (Diebe, Krieger ...), ihre Gesinnungen rangieren zwischen vollkommen gut bis zu durch und durch böse. Ihre Taten und Erfahrungen haben daher verschiedene Auswirkungen und beeinflussen den Spielverlauf.

Rezepte auf den Seiten 47, 87, 89, 91, 145, 176.

Dornröschen

Gekränkt, weil sie nicht zur Taufe von König Stefans Tochter Prinzessin Aurora eingeladen wurde, verflucht die böse Fee diese dazu, sich an ihrem sechzehnten Geburtstag mit der Spindel eines Spinnrades in den Finger zu stechen und daraufhin in einen ewigen Schlaf zu sinken, der nur durch den Kuss der wahren Liebe gebrochen werden kann. In einem Schloss, das von undurchdringlichen Brombeerranken überwuchert wird, wacht sie eifersüchtig über die Prinzessin und nimmt wenn nötig sogar die Gestalt eines Drachen an, um gegen jene zu kämpfen, die ihr Aurora wegnehmen wollen.

Rezept auf Seite 163.

Gänsehaut

Wer R. L. Stines Buchreihe *Gänsehaut* liest, der betritt verzauberte Welten, in denen furchterregende Geschöpfe (Geister, Werwölfe ...) hausen, die an völlig unerwarteten Orten lauern (z. B. in Spiegeln oder Uhren) oder plötzlich direkt hinter einem auftauchen (z. B. im Museum oder auf dem Rummelplatz). Zu diesen Geschöpfen gehört auch die böse Bauchrednerpuppe Slappy, die aus dem verfluchten Holz eines Zauberersarges geschnitzt wurde und nur dann zum Leben erwacht, wenn jemand den geheimnisvollen Satz auf dem Stück Papier in Slappys Jacketttasche liest. Danach wird Slappy nicht mehr ruhen, bis er seinen neuen Herren versklavt hat. Oder, wie in dem Film aus dem Jahr 2015, bis er alle Monster befreit hat, die in der Buchreihe vorkommen.

Rezepte auf den Seiten 83, 96, 117, 177.

Gundel Gaukeley

Die unbarmherzige Entenhexe Gundel Gaukeley ist die Erzfeindin Dagobert Ducks. Sie stammt vom Rand des Vesuvs, wo sie noch immer ihren Unterschlupf hat. Unablässig versucht sie, mit allen magischen und alchemistischen Mitteln, die ihr zur Verfügung stehen, reich zu werden. Ihr großer Traum ist es, Dagoberts Glückstaler zu stehlen – die erste Münze, die die reichste Ente der Welt verdient hat! –, damit sie ihn einschmelzen und ein Amulett daraus machen kann, mit dessen Hilfe sie reicher als ihr berühmter Widersacher werden könnte. Und sie lässt sich von nichts und niemandem aufhalten! Nicht einmal von einer Reise in die Vergangenheit.

Rezepte auf den Seiten 51, 129.

Halloween

Dieses heidnische Fest am 31. Oktober, auch Samhain genannt, wird am Vorabend vor Allerheiligen gefeiert. Für Zauberer ist es der Neujahrstag der normalen Menschen. Halloween genießt in der magischen Gemeinschaft große Beliebtheit und ist ein willkommener Anlass, um sich zu versammeln, Freudenfeuer zu entzünden und ein Festmahl aufzutragen. Es gibt Gesang und Tanz bis in den Morgen und manchmal gesellen sich auch ein paar Geister dazu. Dieses wichtige Fest der magischen Gemeinschaft wird auch von Kindern sehr geschätzt, denn es ist die Gelegenheit, unter Androhung von Streichen Süßigkeiten zu sammeln.

Rezepte auf den Seiten 23, 73, 133, 165.

Harry Potter

Die mittlerweile verfilmte Buchreihe von J.K. Rowling erzählt die Geschichte eines Waisenjungen, der eines Tages eine Welt entdeckt, von der er bisher nicht einmal etwas geahnt hat. Er erfährt nicht nur, dass er über Zauberkräfte verfügt, sondern auch, dass er der Auserwählte ist, und dass er den Erwartungen der gesamten Zauberergemeinschaft zufolge den mächtigsten bösen Zauberer aller Zeiten und Mörder seiner Eltern, Lord Voldemort, besiegen soll. In Hogwarts, der Schule für Hexerei und Zauberei, erlernt er die Zauberkunst und freundet sich mit Ron Weasley und Hermine Granger an. Die drei sind schnell unzertrennlich, ganz egal, ob es darum geht, mit ihrem Respekt einflößenden, aber gütigen Schulleiter Albus Dumbledore zu scherzen oder den Zaubertrankunterricht beim finsteren Professor Snape zu besuchen.

Rezepte auf den Seiten 75, 76, 115, 121, 155, 157.

Der Herr der Ringe

In dem von J.R.R. Tolkien erschaffenen Universum ist Gandalf ein Zauberer von immensem Wissen und Freund der Hobbits, der Anführer der Gemeinschaft des Ringes und der große Widersacher von Sauron und Saruman. Letzterer ist der weiße Zauberer, der ursprünglich nach Mittelerde geschickt wurde, um gegen Sauron zu kämpfen. Doch dann verfiel er seines Ehrgeizes wegen den Verlockungen des Herrn von Mordor. Radagast der Braune ist ein Zauberer, der am Rand des Düsterwaldes lebt. Er unterstützt zwar den Kampf gegen Sauron, zieht die Gesellschaft von Tieren und Pflanzen aber der von Menschen vor. Beorn ist in der Lage, die Gestalt eines mächtigen schwarzen Bären anzunehmen. Er lebt zwischen dem Düsterwald und den Nebelbergen, die er vor den Orks beschützt. Die Ents sind die mächtigen und uralten Wächter der Bäume Mittelerdes.

Rezepte auf den Seiten 27, 29, 31, 123, 151, 152, 153.

Hexen hexen

In Roald Dahls Roman *Hexen hexen* leben besagte Hexen wie ganz normale Frauen mitten unter uns und entsprechen so gar nicht dem weitverbreiteten Bild, das wir von ihnen haben. Wenn man aber genauer hinsieht, dann fällt einem vielleicht auf, dass sie immer Handschuhe tragen, dass sie keine Zehen haben und dass sich unter ihren Perücken Glatzköpfe verbergen. Sie lauern überall, besonders in England, und sie sind wild entschlossen, die Kinder auszurotten. Angeführt von der Hoch- und Großmeisterhexe versammeln sie sich in einem Hotel, wo sie unauffällig zu bleiben versuchen. Aber ein kleiner Junge durchschaut sie und stiehlt sich in ihre Versammlung.

Rezept auf Seite 45.

Der König der Löwen

Rafiki ist der große Schamane des Geweihten Lands. Der alte Mandrill – weise, erfahren und manchmal exzentrisch – berät die Tiere und ihren König. Er bringt sie zum Nachdenken, zu ihrem eigenen Nutzen und zum Wohl der Tiere der Savanne. Dieser Zeichentrickfilm wurde von Osamu Tezukas Manga *Kimba, der weiße Löwe* und von William Shakespeares Theaterstück *Hamlet* inspiriert und führt uns tief in das Reich der Machtkämpfe, der Rituale und des Aberglaubens der Savanne.

Rezept auf Seite 63.

Mary Poppins

Mit ihrem Schirm, ihrem adretten Hut voller Blumen und Kirschen, einer Reisetasche und hervorragenden Empfehlungsschreiben ausgestattet scheint Mary Poppins ein überaus respektables Kindermädchen zu sein. Doch als sie bei der Familie Banks im Kirschbaumweg 17 eintrifft, erweisen sich ihre Methoden als eher unkonventionell. Das Kinderzimmer räumt sich selbst auf, während Mary wie ein Rotkehlchen pfeift. Als sie mit den Kindern in den Park geht, führt sie diese in die Kreidezeichnungen ihres Freundes Bert, wo sie einen Tag voller Abenteuer in einer magischen Welt erleben. Ein Besuch bei einem alten Onkel endet in Gelächter, als man den Tee an der Decke einnimmt, und ein harmloser Spaziergang wird zu einer wilden Jagd über die Dächer von London. Der Roman von P. L. Travers wurde im Jahr 1965 verfilmt.

Rezepte auf den Seiten 39, 111, 112, 160.

Melusine

Melusine ist eine legendare Hexe, die in vielerlei Gewändern auftritt. Man findet sie in verschiedenen Regionen Frankreichs, wo sie oft als Frau erscheint, aber sie kann sich auch in eine Schlange oder in einen Vogel verwandeln. In manchen Nächten ist sie damit beschäftigt, im Licht des Mondes ein Schloss zu bauen. Man sagt, dass sie von einem Fluch getroffen und dazu verdammt wurde, sich an einem Tag in der Woche vor ihrem Ehemann zu verstecken, weil sie unterhalb der Taille die Form einer Schlange annahm. Außerdem findet man Melusine auch in Comics, wo sie als junge, rothaarige Hexe auftritt, die als Au-pair-Mädchen in einem Schloss in Transsilvanien arbeitet und gleichzeitig die Hexenschule besucht, wo sie fleißig lernt und sich ihrer besonderen Begabung durchaus bewusst ist.

Rezept auf Seite 130.

Odysseus 31

Die Zeichentrickserie *Odysseus 31* wurde erstmalig im Jahr 1981 in Frankreich ausgestrahlt. Sie basiert auf Homers *Odyssee*, spielt aber in einer futuristischen Welt. Circe ist eine Zauberin, die danach strebt, alles Wissen, alle Geschichten und alle Legenden seit Anbeginn der Welten zusammenzutragen. Sie lockt die Mannschaften vorbeireisender Raumschiffe an und verzaubert sie während eines ausgedehnten Festmahls. Dann hypnotisiert sie die Mannschaften, damit sie für immer bei ihr bleiben und ihr dabei helfen, die intergalaktische Bibliothek zu verwalten.

Rezept auf Seite 135.

Phantastische Tierwesen und wo sie zu finden sind

Newt Scamander, ein Zauberer aus der Welt von J. K. Rowling, ist ein Magizoologe, ein Spezialist für magische Geschöpfe, der an der Hogwarts-Schule für Hexerei und Zauberei ausgebildet wurde. Im frühen zwanzigsten Jahrhundert durchstreift Newt die Welt, um ein Bestiarium anzufertigen, in dem magische Kreaturen sowie deren Gewohnheiten und Verhalten aufgeführt werden. Bei einem Zwischenstopp in New York entkommen ihm einige seiner Tiere, woraufhin die Existenz der gesamten Zauberergemeinschaft in Gefahr gerät.

Rezepte auf den Seiten 64, 113.

Die Schlümpfe

Gargamel, dem sein Kater Azrael nie von der Seite weicht, jagt nach Schlümpfen, weil sie eine wesentliche Zutat für den Stein der Weisen sind. Wenn er sie doch nur erwischen könnte! Aber das wird so bald nicht geschehen, denn niemand kann das Dorf der Schlümpfe finden, es sei denn, er wird von einem der Einwohner selbst dorthin geführt. Papa Schlumpf ist an seiner Mütze, seiner roten Hose und seinem Ehrfurcht gebietenden weißen Bart zu erkennen. Außerdem spricht er die Sprache der Menschen. Der tatkräftige Anführer der kleinen blauen Zwerge ist fünfhundertzweiundvierzig Jahre alt, was ihm die nötige Weisheit und Erfahrung verleiht, um den Fallen, die Gargamel den Schlümpfen in den über vierzig Folgen des belgischen Comics stellt, zu entkommen. Erschaffen wurden die Schlümpfe von dem Comiczeichner Peyo.

Rezepte auf den Seiten 84, 167.

Die Schneekönigin

Es gibt viele Fassungen dieses Märchens von Hans Christian Andersen. In einer davon geht es um zwei Schwestern, von denen eine über Eis und Kälte gebieten kann. In der traditionellen Version reitet die Schneekönigin auf ihrem Schlitten und entführt den Jungen Kai, um ihn in ihren Eispalast zu bringen. Dort friert sie sein Herz ein, damit er seine Familie und seine Freundin Gerda vergisst und für immer bei der Schneekönigin bleibt. Gerda, die nach Kai sucht, entkommt nur knapp einer Hexe und findet ihn schließlich im Palast gefangen. Als die Königin einmal nicht da ist, dringt Gerda in den Palast ein und befreit ihren Freund, indem sie das Eis um sein Herz und seinen Verstand zum Schmelzen bringt.

Rezept auf Seite 53.

Schneewittchen und die sieben Zwerge

Die böse Königin ist besessen von ihrer eigenen Schönheit und schrecklich eifersüchtig auf Schneewittchen, weshalb sie beschließt, das Mädchen von einem Jäger töten zu lassen. Schneewittchen findet im Wald einen Unterschlupf, woraufhin die böse Königin ihre Strategie ändern muss. Mithilfe ihres Zauberspiegels verwandelt sie sich in eine hässliche alte Frau, sucht Schneewittchen auf und bietet ihr einen vergifteten Apfel an.

Rezepte auf den Seiten 107, 164.

Die Schöne und das Biest

Der Prinz, der zur Strafe für seine Selbstsucht in ein bestialisches Wesen verwandelt wurde, schließt sich in seinem Schloss ein, bis eines Tages ein armer verirrter Kaufmann bei ihm um Unterschlupf bittet. Am nächsten Morgen pflückt der Kaufmann eine Rose im Schlossgarten als Geschenk für seine Tochter Belle. Damit erweckt er den Zorn des Biestes, der zur Strafe fordert, dass die Tochter für den Diebstahl des Vaters zum Schloss kommen und dort leben solle. Während Belle und das Biest gemeinsam in dem merkwürdigen Schloss leben, in dem unsichtbare Diener hausen und Speisen wie von Zauberhand erscheinen und wieder verschwinden, lernen sie einander im Laufe der Zeit kennen und lieben, wodurch der Bann gebrochen wird. Diese Sage, deren älteste Version bis ins zweite Jahrhundert zurückverfolgt werden kann, ist mittlerweile vielfach verfilmt worden, unter anderem in der Fassung aus dem Jahr 2017 mit Emma Watson in der Rolle der Belle.

Rezepte auf den Seiten 99, 101.

Ein Sommernachtstraum

Puck ist ein spitzbübischer, rebellischer Elf und Günstling Oberons, des Königs der Elfen. Er ist in der Lage, sich in Furcht einflößende oder lustige, verschlagene oder freundliche Wesen zu verwandeln, und er erlaubt sich gerne einen Spaß mit anderen oder führt Reisende in der Nacht in die Irre. Titania ist die Königin der Elfen, Feen und Zwerge. In William Shakespeares *Ein Sommernachtstraum* ist sie Oberons Gemahlin. Weil sie seine Eifersucht und seinen Zorn erregt hat, befiehlt er Puck, die Königin mit einem Zauber zu belegen, dank dem sie sich in das erste Wesen verliebt, das sie sieht, selbst wenn es ein Esel ist.

Rezepte auf den Seiten 140, 178.

Verliebt in eine Hexe

In dieser Serie, die erstmals im Jahr 1964 ausgestrahlt wurde, geht es um die Hexe Samantha, die viele Jahrhunderte lang unerkannt unter Menschen gelebt hat und schließlich Darrin, einen typischen Werbefachmann der Sechziger heiratet, der nichts von der Existenz von Hexen weiß. Das Paar könnte glücklich und zufrieden sein, wäre da nicht Samanthas Mutter Endora, die mit ihren Zauberkräften tut, was sie kann, um Darrin das Leben schwer zu machen. Außerdem kann es Tochter Tabitha einfach nicht lassen, Magie vor den Augen der Nachbarn einzusetzen. Ständig wird das gar nicht so friedliche Leben der Familie von irgendwelchen magisch hervorgerufenen Zwischenfällen gestört. Zum Glück gelingt es Samantha dank ihrer Kräfte und ihres Sinns für Humor stets, alles mit einem Wackeln mit der Nase wieder in Ordnung zu bringen.

Rezepte auf den Seiten 42, 65, 67, 137.

Der Wald von Brocéliande

Der Zauberer Merlin gehört zu den prominentesten Magiern aller Zeiten. Er ist launenhaft, weiß einfach alles, beherrscht Elemente und Tiere gleichermaßen und mag Spiele und Streiche. Außerdem ist er ein Gestaltwandler und Astronom. Als rastloser Zeitreisender soll er bei der Erbauung von Stonehenge die Hand im Spiel gehabt und König Artus mithilfe seines berühmten Schwertes Excalibur auf den Thron geholfen haben. Darüber hinaus soll er es gewesen sein, der die legendäre Tafelrunde schuf. Viviane, oder die Herrin vom See, macht Lanzelot zum Ritter und beschützt König Artus. Außerdem soll sie in Merlin verliebt sein und ihm einen Liebestrank eingeflößt haben. Nun lebt sie für immer im Wald von Brocéliande.

Rezepte auf den Seiten 138, 149.

Willow

Willow Ufgood, der Held des Filmes *Willow* aus dem Jahr 1988 unter der Regie von Ron Howard, ist ein Nelwyn (eine kleine Person), der bescheiden mit seiner Familie auf einem Bauernhof lebt und die Hoffnung hegt, irgendwann ein großer Zauberer zu werden. Eines Morgens finden seine Kinder ein Menschenbaby am Flussufer. Der Dorfrat trägt ihm die Aufgabe auf, das kleine Mädchen zu einer Kreuzung zu bringen und es dem ersten Daikini (Mensch) zu übergeben, dem er begegnet. So macht Willow die Bekanntschaft von Madmartigan, einem unehrenhaften Söldner, aber großartigen Kämpfer. Auf dem Weg retten sie die Zauberin Fin Raziel, die Willow in die Kunst der Magie einweist, und schließlich verhelfen sie dem Baby Elora dazu, sein Schicksal zu erfüllen: die Herrschaft der tyrannischen Bavmorda zu beenden.

Rezept auf Seite 95.

World of Warcraft

Es war einmal vor langer Zeit ein Videospiel, das in Azeroth angesiedelt war, einer Fantasywelt voller mythischer Geschöpfe. Jedes davon strebt danach, verschiedene Quests und Instanzen zu meistern, um die Macht, den Ruhm und die vielen Schätze zu erringen, die dem Sieger versprochen werden. Um seine Feinde zu besiegen, muss man viele Entscheidungen treffen: Will man zur Allianz oder zur Horde gehören? Wird man zu einem angesehenen Krieger oder zu einem gefürchteten Schamanen? Welche Fähigkeiten braucht man, um sich für eine Gilde unentbehrlich zu machen? Jeder Spieler muss sich diesen Fragen stellen, bevor er die richtigen Verbündeten finden und sich in die brutalen, epischen und legendären Schlachten stürzen kann.

Rezept auf Seite 48.

Der Zauberer von Oz

Ein verheerender Tornado, der über Kansas wütet, reißt Dorothy aus ihrem Zuhause. Mit ihrem kleinen Hund Toto landet sie im Land Oz, wo man ihr sagt, dass nur der große Zauberer, der in der Smaragdstadt lebt, sie wieder nach Hause zurückbringen kann. Auf ihrem Weg begegnet Dorothy einer Vogelscheuche, die gerne Verstand hätte, einem Löwen, der gerne mutig wäre, und einem Blechmann, dem das Herz fehlt. Gemeinsam machen sie sich auf den Weg in die Smaragdstadt, aber unterwegs lauern zahlreiche Gefahren auf sie, hervorgerufen von den bösen Hexen von Oz. Der im Jahr 1900 erschienene Roman von L. Frank Baum wurde im Jahr 1939 mit Judy Garland in der Hauptrolle verfilmt und gewann für *Over the Rainbow* den Oscar in der Kategorie „Bester Song".

Rezepte auf den Seiten 54, 57.

Zelda

Link ist der Held der Videospielreihe *The Legend of Zelda*. Er ist ein Bewohner des Reiches Hyrule und an seiner Tunika und der grünen Kappe zu erkennen. Entschlossen kämpft er gegen die Mächte des Bösen, um Prinzessin Zelda zur Hilfe zu kommen und das Königreich Hyrule zu retten. Obwohl er immer Schwert und Schild trägt, kann er auch bestens mit einer ganzen Reihe von manchmal überraschenden Waffen umgehen (Bumerang, Okarina ...). Er zieht seine Macht aus dem Triforce, einem Relikt, das die Macht von drei Göttinnen birgt. Link trägt das Triforcesymbol, wobei das Fragment, das für den Mut steht, besonders hervorgehoben wird.

Rezept auf Seite 159.

Eine zauberhafte Nanny

Die sieben Kinder von Mr Brown haben vor Kurzem ihre Mutter verloren und es nun zu ihrer Spezialität gemacht, sämtliche Kindermädchen zu vergraulen. Aber Nanny McPhee (im Film), in den Romanen von Christianna Brand Nanny Matilda, ist kein gewöhnliches Kindermädchen. Sie ist ganz in Schwarz gekleidet, hat Warzen im Gesicht und eine krumme Nase und trägt stets einen Stock mit sich herum. Sie ist geradezu der Inbegriff einer Hexe, vor allem mit ihren besonderen Fähigkeiten. Natürlich versuchen die Kinder, sich ihr zu widersetzen, aber nachdem sie gegen ihren Willen ins Bett verfrachtet, zum Schweigen gebracht und zur Höflichkeit gezwungen wurden, beschließen sie, dass es wohl doch besser ist, sich dem Willen ihrer neuen Nanny zu fügen. Besonders weil sich Nanny McPhee trotz ihres strengen Äußeren als wertvolle Verbündete erweist, als eine fremde Frau es sich in den Kopf setzt, Mr Brown zu heiraten.

Rezepte auf den Seiten 41, 109.

Kapitel 1

Zauberhafte Speisen für jeden Tag

Basar-Zigarren

Willkommen, edler Fremder, Eure Anwesenheit ehrt einen der angesehensten Basare in Arabien! Riecht nur diese unvergleichliche Mischung aus Weihrauch und Düften, bewundert die erlesene Qualität dieser Stoffe! Was sagt Ihr? Ihr sucht etwas noch Kostbareres? Eine außergewöhnliche Lampe? Ich erkenne Euch, O Ihr großer Zauberer! Lasst mich die Lampe für Euch finden! Ich bestehe darauf! Und während Ihr wartet, setzt Euch und genießt eine der besten Zigarren auf dem ganzen Basar, den Stolz unseres Landes!

ZUTATEN FÜR ETWA 20 ZIGARREN

1 kg Spinat, wenn möglich frisch
100 g Schafskäse (beispielsweise Feta)
Salz, Pfeffer
10 Blätter Filoteig
250 ml Milch
1 kleine Tasse Olivenöl
50 g Sesamsamen
1 kleiner Becher Naturjoghurt
Saft von 1 Zitrone

VORBEREITUNG: 20 MINUTEN ZUBEREITUNG: 35 MINUTEN

- Spinat gründlich abspülen und vom Staub des Basars reinigen (wenn nötig, harte Stiele entfernen), dann 20 Minuten in Salzwasser köcheln lassen. Mit einem Schaumlöffel herausholen und direkt in eine große Schüssel mit Eiswasser geben. Das weckt die Blätter wieder auf!
- Das Wasser abgießen und den Spinat hacken, den Schafskäse hineinbröckeln und unterheben. Vor allem, edler Freund, vergesst nicht, die Mischung mit Salz und Pfeffer zu würzen.
- Als Nächstes ein Blatt des Filoteigs mithilfe eines Küchenpinsels mit Milch bestreichen (ja, mit einem Pinsel, auch wenn Euer Teppich darauf besteht, dass Ihr seine Fransen dafür nehmt).
- Der nachste Schritt erfordert die Geschicklichkeit von 40 Dieben: Verteilt 1 Esslöffel der Mischung 2 Zentimeter vom unteren Rand entfernt der Länge nach auf dem Filoteig. Lasst dabei an beiden Seiten genug Platz. Dann den Teig über die Füllung schlagen, mit Milch bestreichen und die Seiten nach innen falten: Tada! Schon habt Ihr ein Rechteck!
- Den Ofen auf 200 °C vorheizen. Den mit Spinat gefüllten Teil nach oben rollen und bei jeder Umdrehung den Teig mit Milch bestreichen. Die Zigarren fertigstellen. Wie bitte? Ihr habt Euch von den Wundern des Basars ablenken lassen und vergessen, den Ofen vorzuheizen? Ist das ein offizieller Wunsch? Ja? In diesem Fall, betrachtet es als erledigt: Hier, vor Euch, O mein Meister, seht Ihr einen perfekt vorgeheizten Ofen. Nun müsst Ihr nur noch die mit Olivenöl bestrichenen und mit köstlichem Sesam besprenkelten Zigarren in den Ofen schieben und 35 Minuten warten. Seid geduldig, Eure Zigarren werden golden und knusprig sein! Genießt sie mit Joghurt, den Ihr mit einem Spritzer Zitronensaft verfeinert habt. Gut, nicht wahr?

ALADIN

Schaschlik aus fein gehackten Feinden

„Wenn man wie ich ein mächtiger Zauberer ist, der es auf den Thron des Sultans abgesehen hat, dann müssen andere Respekt vor einem haben. Ich verrate Euch ein Geheimnis: Seit mein treuer Diener das Gerücht verbreitet hat, dieses Gericht würde aus dem Fleisch meiner Feinde zubereitet, haben alle furchtbare Angst vor mir. Hahaha!“ – Der Großwesir

ZUTATEN
FÜR 6 PERSONEN

500 g Kichererbsen
1 Zwiebel
2 Knoblauchzehen
2 TL glatte Petersilie
1 TL Korianderblätter
1 TL Kreuzkümmel
1 TL Backpulver
Salz, Pfeffer
Öl zum Frittieren
Saft von 1 Zitrone
1 Salat der Saison

VORBEREITUNG: 5 MINUTEN ZUBEREITUNG: 20 MINUTEN
EINWEICHZEIT: ÜBER NACHT GEHEN LASSEN: 30 MINUTEN

- Vergesst nicht, Eure Kichererbsen in Wasser einzuweichen. Es geht nichts über eine lange, entspannte Nacht, um sie weich zu machen.
- Am nächsten Tag die Kichererbsen abgießen, in ein Küchentuch wickeln und kräftig abreiben, um die Haut zu entfernen. Danach werden sie gnadenlos zerquetscht und zu einem Püree verarbeitet.
- Die Zwiebel fein hacken, die Knoblauchzehen zerdrücken, Petersilien- und Korianderblätter abspülen und fein zerrupfen.
- Kräuter, Kreuzkümmel und den pürierten Feind … Verzeiht, ich meinte natürlich, die pürierten Kichererbsen vermischen. 750 Milliliter Wasser und das Backpulver dazugeben und wieder so gründlich mischen, dass auch jede noch so aufmüpfige Zutat versteht, wer ihr Meister ist! Mit Salz und Pfeffer würzen, abschmecken und 30 Minuten gehen lassen.
- Öl in einer großen Pfanne oder in der Fritteuse auf 180 °C erhitzen.
- Mithilfe eines Löffels kleine Bällchen aus der Kichererbsenmischung formen und im Öl goldbraun frittieren. Auf Grillspieße stecken, mit Zitronensaft beträufeln und mit einem einfachen Salat genießen, während Ihr den nächsten finsteren Plan ausheckt.

ALADIN

Kleine Delikatessen aus der Wunderhöhle

„Salam, verehrter Effendi, der Ihr an meiner Lampe gerieben habt ... Gestattet Eurem bescheidenen Diener, Euch diese Leckereien direkt aus der Wunderhöhle zu servieren." – Der Dschinn aus der Wunderlampe

ZUTATEN
FÜR 4 PERSONEN

500 g Karotten
250 ml Milch
100 g feiner Zucker
30 g Rosinen
4 Kardamomkapseln
30 g ungesalzene Pistazien
50 g Butter
30 g gehobelte Mandeln, geröstet

VORBEREITUNG: 20 MINUTEN ZUBEREITUNG: 50 MINUTEN

- Um diese Würfel zuzubereiten, müsst Ihr, mein Freund, die Karotten waschen, schälen und fein reiben.
- Dann gebt sie in eine Kasserolle, stellt sie bei starker Hitze auf den Herd – aber gebt auf eure Finger Acht! – und bedeckt sie mit einem Glas Wasser und der Milch. Als Nächstes bittet den Teppich, den Zucker hinzuzufügen und sanft unterzurühren, bis er sich aufgelöst hat (der Zucker, nicht der Teppich). Schaltet die Hitze herunter und lasst die Mischung köcheln, bis Ihr den Sonnenuntergang über der Wüste bewundert habt (etwa 45 Minuten).
- Wenn die letzten Strahlen verglühen, weicht die Rosinen in etwas lauwarmem Wasser ein.
- Befreit die Kardamomsamen aus den Kapseln und bittet einen Elefanten, sie unter seinen Füßen zu feinem Staub zu zermahlen. Wenn Ihr gerade keinen Elefanten in der Nähe habt, könnt Ihr auch zwei Löffel nehmen und die Samen dazwischen zerdrücken – oder einfach in einer Küchenmaschine hacken, aber das ist laut und nicht so lustig. Ach, bei meinem Bart, beinahe hätte ich etwas vergessen: Die Pistazien müssen ebenfalls grob zerhackt werden!
- Wenn die Sonne hinter den Dünen verschwunden ist und die Karotten die Milch fast vollständig aufgesogen haben, gießt das Wasser von den Rosinen ab, gebt sie in die Mischung, fügt auch den Kardamom, die Pistazien und die in Stücke geschnittene Butter dazu und lasst alles 5 Minuten köcheln – gerade lange genug, um sich einen Wunsch erfüllen zu lassen.
- Die Mischung mit den Mandeln bestreuen und stehen lassen, bis sie vollständig abgekühlt ist. Oder so lange Ihr eben widerstehen könnt.
- In Würfel schneiden und genießen, während Ihr über den Mondschein nachsinnt.

HALLOWEEN

Kürbissuppe

Es gibt ein Rezept für die Halloweenfeier, das Zauberer dieser wie auch der nächsten Welt gleichermaßen in Entzücken versetzt. Es stammt von einer äußerst angesehenen Spezialistin auf dem Fachgebiet der Kürbisse: Aschenputtels guter Fee.

ZUTATEN FÜR 4 PERSONEN

1 Kürbis aus dem Garten (Hokkaido, Butternuss, Blauer Ungar ...), etwa 1 kg schwer
1 Brühwürfel für Hühnerbrühe
60 g Crème fraîche oder Sour Cream
frisch geriebene Muskatnuss
Salz, Pfeffer

VORBEREITUNG: 30 MINUTEN ZUBEREITUNG: 45 MINUTEN

- Holt Euren besten Kürbis aus dem Garten (nicht den größten, den braucht Ihr vielleicht noch für die Kutsche), pflückt die Eidechse herunter, zückt Euren Zauberstab (der vielleicht in Eurem Ärmel steckt?), atmet tief durch, lächelt und schneidet den Kürbis vorsichtig in große Stücke. Befreit ihn von den Kernen.
- Wenn Ihr in einem Kessel kocht, dann zieht Eure Schutzhandschuhe an und entfernt vorsichtig die Schale von dem Kürbis. Legt die Stücke in den Kessel, bedeckt sie mit Wasser und einem Funkenschauer, krümelt den Brühwürfel hinein und kocht das ganze 45 Minuten lang.
- Wenn Ihr einen Dampfgarer benutzt, dann krümelt den Brühwürfel in eine Schüssel mit Wasser und gebt ihn erst später zum Kürbis. Legt die Kürbisstücke in den Korb des Dampfgarers, ohne sie vorher zu schälen, und lasst sie 45 Minuten lang kochen, bis das Fleisch so zart wie das Lächeln einer Fee ist und sich leicht mit der Spitze des Zauberstabs eindrücken lässt. Lasst den Kürbis ein paar Minuten abkühlen und zieht dann vorsichtig die Haut ab.
- Püriert die Kürbisstücke in einer Küchenmaschine und fügt Kochflüssigkeit hinzu, bis eine glatte, cremige Suppe entstanden ist. Kostet, fragt die Mäuse und die Eidechse nach ihrer Meinung, und schmeckt dann Eurem Geschmack entsprechend mit geriebener Muskatnuss, Salz und Pfeffer ab (der Geschmack der Mäuse ist zweifelsohne zu eigenwillig).
- Gießt die Suppe in Schalen und gebt vor dem Servieren etwas Crème fraîche oder Sour Cream dazu. Nun können es sich Eure Gäste schmecken lassen, allerdings erst, nachdem Ihr ihre Kleider mit einem Schutzzauber belegt habt. Es wäre eine Schande, wenn sich alle noch einmal umziehen müssten und dann zu spät zum Ball kämen.

DIE CHRONIKEN VON NARNIA

Eier auf Cair Paravel

Lucy, Edmund, Susan und Peter, und nicht zu vergessen Kaspian ... im Laufe der Jahrhunderte haben schon viele in Cair Paravel gesessen, in dem Schloss, in dem die Könige und Königinnen von Narnia Hof halten. Zahlreiche außergewöhnliche Festmahle wurden hier gegeben, aber den größten Erfolg hatte eine Eierspeise. Warum? Weil sie einem – ganz egal, wo man sich gerade befindet, mitten im Nirgendwo oder in einer völlig verzwickten Lage – das Gefühl gibt, man wäre zu Hause.

ZUTATEN
FÜR 4 PERSONEN

½ Baguette
100 g Speck, in dicke Streifen geschnitten
Sonnenblumenöl
4 Eier
Pfeffer

VORBEREITUNG: 5 MINUTEN ZUBEREITUNG: 10 MINUTEN

- Wenn die Sonne über Aslans Land aufgeht, dann schneidet ein halbes Baguette in 4 Stücke von je etwa 5 Zentimeter Länge und holt aus diesen Stücken in der Mitte einige Krumen heraus, sodass eine Art Nest entsteht. Beiseitestellen.
- Bratet den Speck ein paar Minuten in einer beschichteten Pfanne, bis er goldbraun ist. Gießt das überschüssige Fett ab und stellt den Speck beiseite.
- Gebt das Öl in die Pfanne. Sobald es heiß ist, stellt die Brotnester mit der Mulde nach oben in die Pfanne.
- Brecht vorsichtig die Eier auf und gebt in jede Brotmulde ein Ei. Passt dabei auf, dass das Eiweiß nicht unter das Baguette läuft. Mit Pfeffer würzen.
- 2 Minuten braten, dann die Brotnester mit einem Pfannenwender umdrehen und weitere 2 Minuten braten.
- Wenn das Brot so golden wie das Fell des großen Löwen ist, legt es auf einen Teller und streut die Speckstreifen darüber.

DIE CHRONIKEN VON NARNIA

Salat auf Ramandus Insel

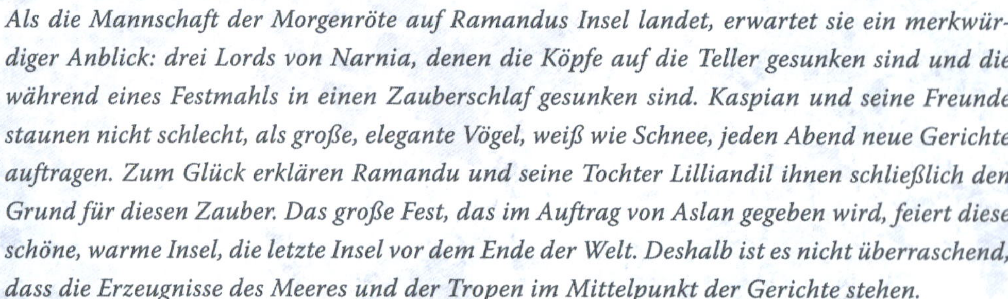

Als die Mannschaft der Morgenröte auf Ramandus Insel landet, erwartet sie ein merkwürdiger Anblick: drei Lords von Narnia, denen die Köpfe auf die Teller gesunken sind und die während eines Festmahls in einen Zauberschlaf gesunken sind. Kaspian und seine Freunde staunen nicht schlecht, als große, elegante Vögel, weiß wie Schnee, jeden Abend neue Gerichte auftragen. Zum Glück erklären Ramandu und seine Tochter Lilliandil ihnen schließlich den Grund für diesen Zauber. Das große Fest, das im Auftrag von Aslan gegeben wird, feiert diese schöne, warme Insel, die letzte Insel vor dem Ende der Welt. Deshalb ist es nicht überraschend, dass die Erzeugnisse des Meeres und der Tropen im Mittelpunkt der Gerichte stehen.

ZUTATEN
FÜR 4 PERSONEN

5 Zitronen
500 g Weißfischfilet
(Brasse oder Kabeljau)
½ Gurke
Salz
1 Schalotte
2 Karotten
2 Tomaten
1 Bund Schnittlauch
100 ml Kokosmilch

VORBEREITUNG: 15 MINUTEN MARINIEREN: 5 STUNDEN
ABTROPFZEIT: 15 MINUTEN

- Legt die Zitronen auf die Festtafel, drückt mit der Handfläche fest darauf und rollt jede Zitrone ein paarmal hin und her. Dann schneidet sie über einer Schüssel in der Hälfte durch und drückt sie aus, um an ihren Saft zu kommen.
- Den Fisch abspülen und auf übrig gebliebene Gräten überprüfen. Den Fisch mit dem breiten Steinmesser auf dem Tisch in Stücke schneiden. Die Stücke in eine Schüssel legen und mit dem Zitronensaft bedecken. Die Schüssel mit Frischhaltefolie abdecken und den Fisch zum Marinieren für 5 Stunden in den Kühlschrank stellen.
- Die Marinade abgießen, wenn der Abendstern verblasst.
- Die Gurke schälen, in Würfel schneiden und leicht mit Salz bestreuen, dann in ein Sieb geben und 15 Minuten abtropfen lassen. Die Schalotte und die Karotten schälen, dann die Schalotte in dünne Scheiben und die Karotte in schmale Streifen schneiden. Tomaten und Schnittlauch abspülen. Die Tomaten würfeln und den Schnittlauch hacken.
- Vorsichtig Fisch, Gurke, Schalotte, Karotten und Tomaten in einer Salatschüssel vermischen. Dann die Kokosmilch darübergießen und mit gehacktem Schnittlauch bestreuen. Sofort servieren.

DER HERR DER RINGE

Soufflé-Omelett Saruman

Saruman ist ein Zauberer mit großer Macht, die vor allem in seiner hypnotischen Stimme liegt, mit der er schon viele Geschöpfe in seinen Bann gezogen hat. Seines Ehrgeizes wegen verfällt er Saurons Täuschungen. Nach dem Fall von Isengard kommen Merry und Pippin dank dieses Omeletts, das sie aus den Vorräten zubereiten, welche sie im Wachraum finden, wieder zu Kräften.

ZUTATEN
FÜR 4 PERSONEN

8 Eier
125 g flüssige Sahne
Salz, Pfeffer
15 g Butter

VORBEREITUNG: 15 MINUTEN ZUBEREITUNG: 6–8 MINUTEN

- Schlagt die Eier über einer Schüssel auf und trennt dabei das Eigelb vom Eiweiß.
- Entfacht einen Wirbelsturm in der Schüssel (oder nehmt einen Mixer) und schlagt das Eiweiß steif, bis sich feste Spitzen bilden.
- Gießt die Sahne in eine Schüssel, die zuvor im Gefrierschrank gekühlt wurde. Entfesselt die Winde des Caradhras und schlagt die Sahne, bis sie eindickt.
- Brecht in einer anderen Schüssel die Eigelbe auf, hebt erst die geschlagene Sahne und dann das Eiweiß unter. Mit Salz und Pfeffer würzen.
- Die Butter in einer Pfanne schmelzen lassen, die so heiß ist wie ein Palantír. Die Eimischung hineingießen und 3–4 Minuten stocken lassen, bis das Omelett fest ist.
- Die Ränder in die Mitte falten und weitere 3–4 Minuten stocken lassen. Sofort servieren.

DER HERR DER RINGE

Radagasts Salat

Radagast der Braune ist ein Zauberer, der in den Ausläufern des Düsterwalds lebt. Man nennt ihn auch Aiwendil, was „Vogelfreund" bedeutet. Er zieht die Gesellschaft von Tieren und Pflanzen denen von Menschen vor. Im Film Der Hobbit *ist es Radagast, der Gandalf vor der Rückkehr einer bösen Präsenz in der Festung von Dol Guldur warnt.*

ZUTATEN
FÜR 4 PERSONEN

2 rohe Rote Beten
1 Bund Brunnenkresse
250 g Champignons
1 Handvoll Walnüsse
2 EL Walnussöl
1 EL Apfelessig
Salz, Pfeffer

VORBEREITUNG: 10 MINUTEN ZUBEREITUNG: 45 MINUTEN

- Den Ofen auf 180 °C vorheizen.
- Die Rote Bete abspülen und in Backpapier wickeln. In den Ofen oder in die Asche eines kräftigen Feuers legen und garen, bis man sie leicht mit einem Messer einschneiden kann (etwa 45 Minuten).
- Die Brunnenkresse in einem klaren Fluss abspülen und trocken tupfen.
- Überprüft dann, ob Eure Pilze auch wirklich alle essbar sind, und säubert sie mit einem feuchten Tuch. Schneidet sie in sehr dünne Scheiben und bratet sie bei starker Hitze ein paar Minuten in einer Pfanne, bis sie zu bräunen beginnen.
- Knackt die Walnüsse und holt die Kerne heraus.
- Aus Öl, Essig, Salz und Pfeffer eine Vinaigrette zubereiten.
- Die Rote Bete schälen und in Stücke schneiden. In einer großen Schüssel die Rote Bete, die abgekühlten Pilze, die Brunnenkresse und die Walnüsse mischen und direkt vor dem Servieren das Dressing darübergeben.

Middle
Earth

DER HERR DER RINGE

BEORNS ZIEGENKÄSETOAST

In Der Hobbit *versorgt der Bärenmann Bilbo und seine Gefährten, als sie nach der Flucht vor den Orks Zuflucht in seinem Heim finden, mit Brot, Käse von seinen Ziegen und Honig aus dem Düsterwald.*

ZUTATEN
FÜR 4 PERSONEN

4 kleine oder 2 große Ziegenkäsetaler
Salz, Pfeffer
1 Prise frisch geriebene Muskatnuss
4 Scheiben Brot
4 EL Honig
1 Handvoll frische Kräuter (Basilikum, Majoran, Thymian)
1 Salat der Saison (Batavia, Feldsalat)

VORBEREITUNG: 15 MINUTEN ZUBEREITUNG: 25 MINUTEN

- Die kleinen Käsetaler mit einem sehr scharfen Messer halbieren, sodass 2 Scheiben entstehen, oder die beiden großen Käsetaler in 1 cm dicke Scheiben schneiden.
- Mit Salz und Pfeffer würzen, leicht mit Muskat bestreuen und den Käse auf die Brotscheiben legen.
- Sammelt südlich des Tors ein paar Kräuter. Spült sie ab, lasst sie abtropfen und hackt sie fein. Bestreut die Käsebrote mit Kräutern und gebt etwas Honig darüber.
- Legt die Brote für 5 Minuten unter den Grill, bis der Käse schmilzt, der Honig karamellisiert und das Brot knusprig wird. Mit einem Salat der Saison servieren.

DIE BARTIMÄUS-TRILOGIE

Kebab wie vor 3.000 Jahren

Ach, die Pracht der Mauern von Ur, von Babylon der Großen … Nur wird meistens zu erwähnen vergessen, dass es die Dschinn waren – nun ja, zum Großteil war es Bartimäus –, die diese für ihre Schönheit berühmten Städte erbaut haben. Die Schattenseite allerdings bestand darin, dass Faquarl und Jabor jedes Mal dieses Gericht als Snack verlangten, nachdem sie ein Mauerstück vollendet hatten.

ZUTATEN FÜR 6 PERSONEN

FÜR DIE FÜLLUNG

6 TL Sesamsamen
Olivenöl
1 Handvoll Korianderblätter
1 Zwiebel
250 g Fleischreste
1 TL Kreuzkümmel
Salz, Pfeffer
100 g Schafsmilchkäse, zerkrümelt

FÜR DIE FLADENBROTE

400 g Mehl
½ Päckchen Backpulver
1 TL feiner Zucker
1 TL Salz
40 g Butter, geschmolzen
250 ml Milch

VORBEREITUNG: 15 MINUTEN ZUBEREITUNG: 25 MINUTEN RUHEN LASSEN: 45 MINUTEN

- Röstet die Sesamsamen in eurer Erscheinungsform als Feuergeist mit einem Blick (oder in einer Pfanne bei mittlerer Hitze) – sie sollen golden, aber nicht zu dunkel sein. Die Samen mit etwa der gleichen Menge Olivenöl in einem Mörser aus reinstem Marmor (oder in einem Mixer) zu einer glatten Paste verarbeiten.
- Den Koriander fein hacken. Schält die Zwiebel und schneidet sie in feine Streifen, alles mit einer einzigen eleganten Handbewegung. Die Zwiebelstreifen bei mittlerer Hitze in einer Pfanne garen, bis sie weich und glasig sind. Dann Fleisch und Kreuzkümmel dazugeben und 5 Minuten braten. Koriander dazugeben und unterrühren, alles mit Salz und Pfeffer würzen und abkühlen lassen.
- Alle Zutaten für das Fladenbrot vermischen und zu einem Teig verkneten. Wenn er glatt und nicht mehr klebrig ist, 45 Minuten ruhen lassen.
- Den Teig in 6 gleich große Stücke teilen und auf einer bemehlten Arbeitsfläche sehr dünn ausrollen. Einen Fladen nach dem anderen in eine sehr heiße Pfanne geben und auf beiden Seiten je 5–7 Minuten braten. Sie sollten leicht gebräunt sein und sich aufblähen wie ein empörter Zauberer.
- Brecht die Fladen auf und füllt sie mit der Fleischmischung und dem zerkrümelten Käse. Gebt einen großzügigen Löffel der Sesampaste dazu und verspeist das Ganze noch heiß, während ihr die steigenden Wasser des Jordan bewundert.

DIE BARTIMÄUS-TRILOGIE

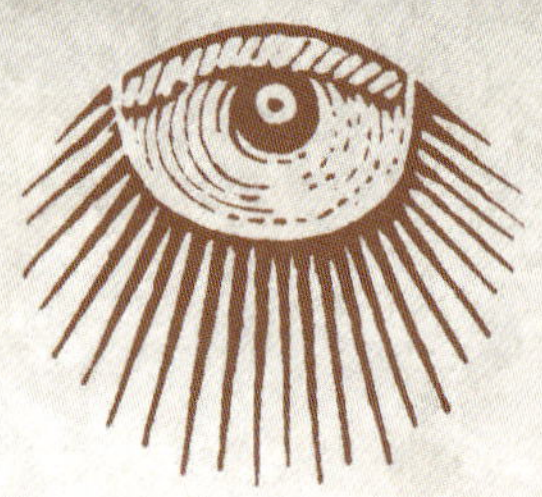

Gurkensandwiches

Als jüngster Informationsminister aller Zeiten ist Nathanael – der inzwischen den Namen John Mandrake angenommen hat – ein regelmäßiger Gast bei Regierungsempfängen. Und das ist auch gut so, denn wie sollte er sonst verhindern, dass ein ehrgeiziger, mächtiger und wirklich gerissener Zauberer mit Unterstützung einer Legion von Dschinn eine Cocktailparty für den Versuch nutzt, die Macht an sich zu reißen? Übrigens kann sich die Crème de la Crème der britischen Magier bei diesen berühmten Gurkensandwiches selbst inmitten einer Schlacht voller Golems, Zaubersprüche und Amulette nicht zurückhalten.

ZUTATEN FÜR 8 SANDWICHES ODER 32 MINISANDWICHES

1 Gurke
Salz
8 Scheiben Vollkorntoast
8 Scheiben weißer Toast
100 g Butter
2 TL frische Minze, gehackt

VORBEREITUNG: 20 MINUTEN

- Die Gurke schälen und in so dünne Scheiben wie möglich schneiden. Idealerweise beschwört Ihr einen Dschinn mit einem Gemüsehobel oder mit rasiermesserscharfen Krallen herauf. Die Gurkenscheiben salzen, in ein Sieb legen und über der Spüle 15 Minuten abtropfen lassen, genau so lange, wie es dauert, einen aufmüpfigen Dschinn zur Ordnung zu rufen, der rüde Bemerkungen darüber macht, wie besessen britische Magier von Gurkensandwiches sind.
- Findet die richtige Stelle in Eurem Rezept wieder und tupft die Gurkenscheiben mit Küchenpapier ab.
- Toastet die Brotscheiben und bestreicht sie mit Butter. Arrangiert die Gurkenscheiben in einem hübschen Muster auf den Vollkorntoastscheiben und achtet dabei gar nicht auf den Dschinn, der Euch erklärt, wie sinnlos das ist, weil ja noch eine andere Scheibe Toast auf die Gurken kommt. Ignoriert ihn einfach, er hat keine Ahnung, wovon er da spricht. Wenn er nicht lockerlässt, dann droht ihm damit, ihn in eine Flasche zu sperren, das wird ihn eines Besseren belehren.
- Bestreut die Gurkenscheiben mit der fein gehackten Minze, legt eine Scheibe weißen Toast darauf und drückt sie leicht fest. Macht dann dasselbe mit den anderen Gurkenbrotscheiben. Schneidet die Sandwiches diagonal in Viertel, während Ihr den größenwahnsinnigen Zauberer, der Eure Karriere zerstören will, im Auge behaltet.

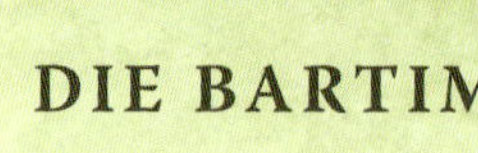

DIE BARTIMÄUS-TRILOGIE

Babylonischer Eintopf

Als die göttliche Königin von Saba den Dschinn Bartimäus bittet, ihre Zauberin Asmira durch die riesige Wüste zu bringen, um den großen König Salomon auszuspionieren – geheiligt seien seine Pantoffeln –, verschwendet sie keinen Gedanken daran, was ihre Untertanin essen soll. Mit den Großen und Guten ist es immer dasselbe, sie denken über Details und Logistik nicht nach! Und wer rettet natürlich die Lage, indem er einen guten, nahrhaften und Trost spendenden Eintopf kocht? Bartimäus!

ZUTATEN FÜR 6 PERSONEN

FÜR 6 BABYLONISCHE DSCHINN

Mehrere Stücke Geflügel
1 Handvoll Vogelknöterich
2 Samidu
1 Sahumu
1 Suhutinuu
1 Handvoll Sahlu oder Engengeru
Kisiburu-Blätter
1 Prise Kamu
1 Krug Kisimmu

FÜR 6 MODERNE DSCHINN

1 Handvoll rote Linsen
6 Hühnchenstücke mit Knochen (Schenkel, Flügel …)
1 Bund Koriander
1 Handvoll Brunnenkresse oder Rucola
2 Zwiebeln
1 Lauch
1 Knoblauchzehe
1 TL Kreuzkümmel
1 l Milch

Wenn es möglich ist, diesen Eintopf auf einem fliegenden Teppich zuzubereiten und gleichzeitig marodierenden Wüstenbanditen aus dem Weg zu gehen, dann gibt es keinen Grund, warum Ihr *es nicht schaffen solltet. Okay, vielleicht doch. Weil Ihr nämlich keine fabelhaften Dschinn seid, die sieben Ebenen sehen können!*

VORBEREITUNG: 10 MINUTEN
ZUBEREITUNG: 45 MINUTEN

- Macht Euch die sengend heiße Mittagssonne zunutze und röstet die Linsen in einer Pfanne. Ein paar Minuten sind genug, Ihr wollt sie ja nicht anbrennen lassen.
- Beschwört einen Wasserstrahl herauf und spült die Hühnchenstücke ab. Wenn Ihr schon dabei seid, dann spült auch gleich den Koriander und die Brunnenkresse oder den Rucola ab. Schält die Zwiebeln. Falls Ihr dabei weinen und Euch die Nase am fliegenden Teppich putzen müsst, dann tut es diskret, denn Zauberer sind bei so etwas sehr empfindlich, keine Ahnung, warum. Dann viertelt die Zwiebeln und schneidet den Lauch in etwa 2 cm große Stücke.
- Stellt einen großen Topf bei starker Hitze auf den Herd und gebt Hühnchenstücke, Zwiebeln, Lauch, die zerdrückte Knoblauchzehe, die gerösteten Linsen, den Kreuzkümmel, die Brunnenkresse oder den Rucola und die frisch zerpflückten Korianderblätter hinein. Mit Milch und Wasser bedeckten. Wenn sich Bläschen bilden, herunterschalten und 45 Minuten köcheln lassen, bis sich das Hühnchenfleisch von den Knochen löst.
- Heiß genießen.

MARY POPPINS

Sardinensandwiches

Als Mary Poppins Onkel Albert nicht aufhören kann zu lachen, schwebt er zur Decke hinauf und kugelt sich dort kichernd herum! Sein Verhalten mag ein wenig unpassend anmuten, denn wie soll man bitte, ohne zu kleckern, seinen Tee trinken, wenn man wie eine Seifenblase in der Luft herumrollt? Trotzdem sind diese Sandwiches perfekt für ein Teestündchen mit Vogelperspektive geeignet.

ZUTATEN
FÜR 4 PERSONEN

250 g Sardinen in Wasser
30 g Butter
Saft von 1 Zitrone
Salz, Pfeffer
8 Kirschtomaten
8 Scheiben Weißbrot

VORBEREITUNG: 5 MINUTEN

Anmerkung: Bewahrt unter allen Umständen die Fassung, damit Ihr nicht davonschwebt, bevor die Sandwiches fertig sind.

- Sardinen abgießen und der Länge nach halbieren, um das Rückgrat herauszuholen. In einer Schüssel mit Butter und Zitronensaft mischen und mit Salz und Pfeffer würzen.
- Kirschtomaten abspülen, halbieren und kurz abtropfen lassen. Macht dabei keine Witze und erzählt auch keine lustigen Geschichten oder komischen Anekdoten. Setzt eine ernste Miene auf … oder Ihr werdet abheben und nicht wieder zurück auf den Boden der Tatsachen kommen!
- Die Hälfte der Weißbrotscheiben mit der Fischmischung bestreichen, eine Tomatenhälfte in die Mitte drücken und mit den übrigen Brotscheiben bedecken.
- Tststsstss, ich höre Euch kichern … Kommt schon, haltet noch ein bisschen durch! Achtet gar nicht auf Onkel Albert, der passend zu seinem prustenden Gelächter zwischen den Wänden hin und her fliegt. Stecht die Sandwiches stattdessen mit einem Keksausstecher Eurer Wahl aus (Stern, Regenschirm, Papagei). Jetzt seid Ihr fast fertig. Atmet tief durch und verziert die Brote mit den übrigen Tomatenhälften … und jetzt könnt Ihr endlich all das angestaute Gelächter hinauslassen. Genießt die Sandwiches an der Zimmerdecke!

EINE ZAUBERHAFTE NANNY

Gemüseschalensuppe

Eines schönen Morgens taten die Brown-Kinder so, als wären sie krank, und weigerten sich, aufzustehen. Nanny McPhee klebte sie daraufhin den ganzen Tag lang an ihren Betten fest. Als die Sonne später unterging, servierte sie ihnen diese Suppe. Sie wird zwar nur aus einfachen Gemüseschalen gekocht, aber für die hungrigen Kinder war es das Beste, was sie jemals gegessen hatten.

ZUTATEN
FÜR 6 PERSONEN

1 kg Gemüseschalen, so verschieden wie möglich (Kartoffeln, Karotten, Pastinaken, Radieschenabschnitte, Rote Bete …)
1 kleine Handvoll frischer Kräuter (Thymian, Lorbeer, Rosmarin)
1 Brühwürfel für Hühnerbrühe
Salz, Pfeffer
250 g Fadennudeln

VORBEREITUNG: 15 MINUTEN ZUBEREITUNG: 45 MINUTEN

- Gemüseschalen abspülen und durchsehen; angequetschte oder schimmelige wegwerfen. Ein paar schöne Schalen für die Dekoration zur Seite legen. Auch die Kräuter abspülen.
- Gemüseschalen in einen großen Topf geben, den Brühwürfel darüberkrümeln, die Kräuter dazugeben, mit Salz und Pfeffer würzen und mit frischem Wasser bedecken.
- Aufkochen. Wenn die erste Blase platzt, Hitze herunterschalten und die Suppe 45 Minuten leicht köcheln lassen. Überprüft in dieser Zeit, ob die angeblich kranken Kinder in ihren Betten liegen und sie nicht etwa als Trampoline benutzen.
- In einem weiteren Topf Wasser zum Kochen bringen und die Nudeln gemäß den Anweisungen auf der Verpackung zubereiten. Abgießen und beiseitestellen.
- Den Ofen auf 240 °C vorheizen.
- Die beiseitegelegten Gemüseschalen auf einem Backblech verteilen und je nach Dicke 5–10 Minuten backen, bis sie schön knusprig sind.
- Die Brühe abgießen und sehr heiß mit den Nudeln und den Knusperschalen servieren. Natürlich erst, nachdem Ihr den Zauber von den Kindern genommen und sie aus ihren Betten befreit habt!

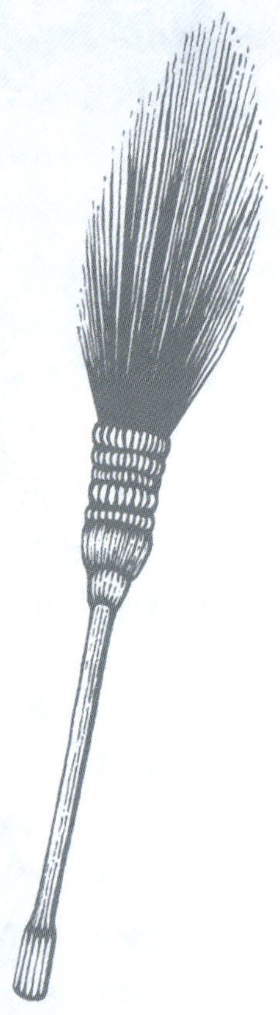

VERLIEBT IN EINE HEXE

Magisches Gratin

Wir modernen Hexen und Zauberer führen ein hektisches Leben, besonders wenn wir unter Menschen wohnen, die nichts von unserer Existenz ahnen. Deshalb müssen wir manchmal auch einen Gang herunterschalten – oder unseren Zauberstab schwingen – und, wie Samantha, Darrin und Tabitha, in aller Ruhe ein gutes, zufriedenstellendes Familienessen genießen. Und dann geht einfach nichts über Käsemakkaroni.

ZUTATEN
FÜR 6 PERSONEN

1 Zwiebel
1 kg Tomaten
500 g Rinderhack
500 g Makkaroni
Salz, Pfeffer
50 g Butter
250 g geriebener Cheddar (oder versucht es einmal mit Parmesan, Mimolette oder Gruyère)

VORBEREITUNG: 15 MINUTEN **ZUBEREITUNG:** 30 MINUTEN

Oh, Töchter der Selene und Bewohner des Limbus, hört mich an!
Möge der Ofen 180 °C erreichen.
Möge die Zwiebel geschält und fein gehackt werden, ohne dass Tränen fließen.
Mögen die Tomaten gewaschen und in Stücke geschnitten werden.
Möge das Rinderhack 10 Minuten bei starker Hitze angebraten werden.
Mögen die Makkaroni in fünfmal so viel Wasser gekocht und dann abgegossen werden.
Mögen das Fleisch und die Tomaten, die Zwiebel und die Nudeln und das Salz und der Pfeffer in einer großen Schüssel vermischt werden.
Mögen die Butter und zwei Drittel des Käses untergehoben werden.
Möge die Mischung auf ebenso viele Auflaufförmchen wie Gäste verteilt werden.
Möge der übrige Käse darübergestreut werden.
Und mögen die Auflaufförmchen 20 Minuten in der Glut des Ofens weilen!
O Bewohner des Limbus! O Töchter der Selene!
Möge uns niemand in diesem Augenblick stören.
Möge dieser Moment heilig sein und mögen wir ihn in Frieden teilen!

HEXEN HEXEN

Hexensuppe

Trotz ihrer Einfachheit ist diese Vorspeise bei der jährlichen Versammlung ein echtes Highlight für alle Hexen, selbst für die Hoch- und Großmeisterhexe – es sei denn, sie trinken vorher das Formula 86 Retard/Mausemutorium und verwandeln sich daraufhin in Mäuse. Aber Ihr müsst nicht extra bis zur Jahresversammlung warten, sondern könnt dieses Rezept auch einfach selbst zu Hause ausprobieren.

ZUTATEN
FÜR 4 PERSONEN

500 ml Tomatensaft
60 g Tapioka-Perlen
4 Kartoffeln
1 kg Zucchini
Salz, Pfeffer

VORBEREITUNG: 15 MINUTEN ZUBEREITUNG: 1 STUNDE 10 MINUTEN

- Tomatensaft aufkochen, Tapioka-Perrrlen hineingeben und 20 Minuten sehrrr vorsichtig köcheln lassen.
- Karrrtoffeln waschen und schälen, dann in sehrrr große Stücke schneiden.
- Mit den Zucchini wiederrrholen.
- Kartofellstücke in einen grrroßen Topf mit kochendem Wasser geben. 30 Minuten kochen lassen, dann die Zucchini dazugeben und weiterrre 20 Minuten köcheln lassen.
- Tapioka-Perrrlen abgießen (den Tomatensaft auffangen und in einem anderen Zaubertrank verwenden).
- Grrreift nach einem mächtigen Zauberrrstab (Stabmixer).
- Nehmt den Topf vom Herrrd und mixt, mischt und matscht Eurrre Suppe, bis sie vollkommen glatt ist.
- Mit Salz und Pfefferrr abschmecken, die sehrrr rrroten Tapioka-Perrrlen in Eurrre sehrrr grrrüne Suppe geben und sehrrr heiß genießen.

Sang de

DUNGEONS & DRAGONS

Feurige Brühe im Gasthaus zum Roten Drachen

Das Gasthaus zum Roten Drachen liegt an der Küste, in deren Klippen eine große Drachenkolonie lebt. Alle Paladine, Schurken, Zauberer und Druiden, die es versucht haben, sind derselben Meinung: Man überlegt es sich lieber zweimal, bevor man mit einem Drachen einen Streit in seiner Höhle anfängt. Wissende Blicke werden ausgetauscht, wenn man davon berichtet, wie knapp die Sache war. Deshalb hat der fröhliche Koch des Gasthauses dieses zugleich süße und feurige Gericht kreiert. Alle sind sich einig, dass diese Suppe nicht nur köstlich und tröstlich ist, sondern auch die ideale Grundlage bildet, wenn man vergessene unterirdische Gänge auskundschaften will oder eine lange, dunkle Nacht der Schrecken vor sich hat.

ZUTATEN
FÜR 4 PERSONEN

1 Zwiebel
3 Knoblauchzehen
2 Selleriestangen
15 g frischer Ingwer
50 ml Kokosmilch
1 l Hühnerbrühe
1 kleine Dose Tomatenmark
1 EL Currypulver
4 Cornichons (kleine Essiggürkchen)
Salz, Pfeffer
Tabasco®, nach Belieben

VORBEREITUNG: 10 MINUTEN ZUBEREITUNG: 45 MINUTEN

- Zwiebel, Knoblauch, Sellerie und Ingwer schälen. In große Stücke schneiden und in eine Kasserolle legen. Dann Kokosmilch, Hühnerbrühe, Tomatenmark, Currypulver und Cornichons dazugeben.
- Alles gründlich vermengen und aufkochen lassen. Etwa 45 Minuten köcheln und reduzieren lassen. Würzen und abschmecken.
- Die Suppe erst durch ein Sieb und dann durch ein Mulltuch gießen, damit eine besonders klare Brühe entsteht. Ein weiteres Mal abschmecken und wenn nötig nachwürzen. Nach Belieben mit Tabasco® verfeinern.
- Dampfend heiß servieren.

WORLD OF WARCRAFT

Nagrand-Tempura

Klettert auf den Rücken Eures Greifs oder Wolfs und macht Euch auf den Weg nach Nagrand! Nagrand ist ein Gebiet der Scherbenwelt, des zerstörten Draenor, und die schönste Landschaft, die World of Warcraft zu bieten hat. Fruchtbare Erde, grüne Hügel und Wasserfälle, die von den felsigen Gipfeln herabstürzen ... Wenn Ihr es schafft, den vielen Clans und wilden Kreaturen aus dem Weg zu gehen, dann spricht nichts dagegen, hier eine Pause einzulegen und das berühmte Nagrand-Tempura zu genießen, um Euch zu stärken und Euer Mana *zu erhöhen!*

ZUTATEN
FÜR 4 PERSONEN

FÜR DEN TEIG

1 Ei

150 ml Eiswasser

100 g Mehl

1 TL Paprikapulver

Salz

1 Eiswürfel

Öl zum Frittieren

GEMÜSE UND FISCH

8 große Garnelen

2 Karotten

1 Zucchini

200 g Brokkoli

FÜR DIE SOSSE

1 EL Aprikosenmarmelade

100 ml Olivenöl

2 Prisen Piment d'Espelette (mildes Chilipulver)

VORBEREITUNG: 45 MINUTEN ZUBEREITUNG: 5 MINUTEN

- Verschlagt im Schädel eines Orcs (oder in einer Schüssel) das Ei mit Eiswasser. Fügt nach und nach in kleinen Mengen Mehl, Paprikapulver und Salz hinzu. Gebt am Schluss den Eiswürfel hinein.
- Schält die Garnelen.
- Schält das Gemüse. Schneidet die Karotten und die Zucchini in feine Streifen und trennt die Brokkoliröschen.
- Bringt in einem Kessel Salzwasser zum Kochen. Gebt das Gemüse hinein und lasst es 1 Minute ziehen, gerade genug Zeit, einen Zauber zu wirken und den Zorn des Archimondes heraufzubeschwören. Abgießen und das Gemüse mit Küchenpapier trocken tupfen.
- Erhitzt das Öl in einer großen Pfanne oder einer Fritteuse auf 180 °C.
- Verzaubert das Gemüse und die Garnelen, indem Ihr sie in den Teig taucht und dann 1 Minute im Öl frittiert. Nehmt sie heraus und legt sie zum Abtropfen auf Küchenpapier oder auf das getrocknete Fell eines Paarhufers, wenn Ihr gerade eines zur Hand habt. Mit Salz würzen.
- Die Aprikosenmarmelade in einer Schüssel kräftig mit dem Olivenöl verrühren und das Chilipulver hinzufügen. Tempura sofort mit der Soße servieren.

GUNDEL GAUKELEY

Pasta aus Gundel Gaukeleys Unterschlupf

Wenn sie nicht gerade damit beschäftigt ist, hinter Dagoberts Glückstaler herzujagen, lebt Gundel auf den Hängen des Vesuvs. Dies hier ist ein typisches Gericht aus ihrem Unterschlupf, das ihr genug Kraft gibt, um an ihren finsteren Plänen feilen zu können.

ZUTATEN
FÜR 4 PERSONEN

1 kg Miesmuscheln
500 g Spaghetti
Olivenöl
2 Knoblauchzehen
½ Brühwürfel für Fischbrühe
250 g reife Tomaten
Salz, Pfeffer
1 EL frische Petersilie, gehackt

VORBEREITUNG: 20 MINUTEN ZUBEREITUNG: 15 MINUTEN

- Muscheln putzen: Die mit zerbrochenen oder offenen Schalen aussortieren, dann die restlichen Muscheln abschrubben, um alle Verunreinigungen von der Schale zu entfernen.
- Muscheln mit viel Wasser waschen und schließlich in ein kaltes Wasserbad geben. Oben schwimmende Muscheln gnadenlos eliminieren.
- Spaghetti in einem großen Kessel mit kochendem Salzwasser nach Anweisungen auf der Packung zubereiten, abgießen und abspülen, damit sie nicht zusammenkleben. Beiseitestellen.
- In einem zweiten Kessel über schwacher Hitze etwas Olivenöl erhitzen.
- Knoblauch schälen, in Stücke schneiden und mitsamt den Muscheln, 125 Milliliter Wasser und dem Brühwürfel in den Kessel geben. 5 Minuten köcheln lassen.
- Unbarmherzig alle Muscheln vernichten, die sich nicht geöffnet haben. Die Kochflüssigkeit abgießen und auffangen, Muscheln aus den Schalen befreien.
- Tomaten abspülen und in kleine Würfel schneiden.
- Die Kochflüssigkeit wieder in den Kessel gießen, Tomaten, Muscheln und Spaghetti dazugeben und mit Salz und Pfeffer würzen. 2 Minuten erwärmen, dann mit frischer Petersilie bestreuen und dampfend heiß servieren.

DIE SCHNEEKÖNIGIN

Kirschhühnchen aus den kalten Landen

In Hans Christian Andersens Märchen kommt Gerda auf der Suche nach Kai, der von der Schneekönigin entführt wurde, zu einem seltsamen Häuschen. Die alte Frau, die dort lebt, besteht darauf, dass Gerda bleibt, und sie lässt sie so viele Kirschen aus dem Garten essen, wie sie nur möchte. Und Kirschen sind auch die zentrale Zutat in diesem traditionellen Gericht.

ZUTATEN
FÜR 4 PERSONEN

4 Hühnchenschenkel mit Rückenstück
80 g Butter
250 ml Kirschsaft
1 EL Orangensaft
1 EL Honig
2 EL Rote-Johannisbeer-Gelee
1 kg Kartoffeln
Saft von 1 Zitrone
250 g entsteinte Kirschen
Salz, Pfeffer

VORBEREITUNG: 15 MINUTEN ZUBEREITUNG: 50 MINUTEN

- Hühnchenschenkel in einer feuerfesten Kasserolle über starker Hitze in der Hälfte der Butter braten, bis sie von allen Seiten gut gebräunt sind. Kirschsaft, Orangensaft, Honig und Johannisbeergelee dazugeben und 25 Minuten köcheln lassen. In regelmäßigen Abständen die Kochflüssigkeit über die Hühnchenschenkel geben.
- In der Zwischenzeit Kartoffeln waschen und schälen, dann im Dampfgartopf zubereiten oder in kochendem Salzwasser 25 Minuten garen, bis man sie mit der Spitze eines Messers leicht bis zur Mitte einstechen kann.
- Hühnchen aus der Kasserolle nehmen und beiseitelegen.
- Die Kochflüssigkeit abgießen und auffangen, dann die Kasserolle mit dem Zitronensaft ablöschen und den Bratensatz vom Boden des Topfes lösen. Die restliche Butter hineingeben, dann das Hühnchen, die abgegossene Soße und die Kirschen dazugeben, mit Salz und Pfeffer abschmecken und weitere 5 Minuten kochen, gerade lange genug, um alles gründlich durchzuwärmen.
- Dampfend heiß mit den Kartoffeln servieren.

DER ZAUBERER VON OZ

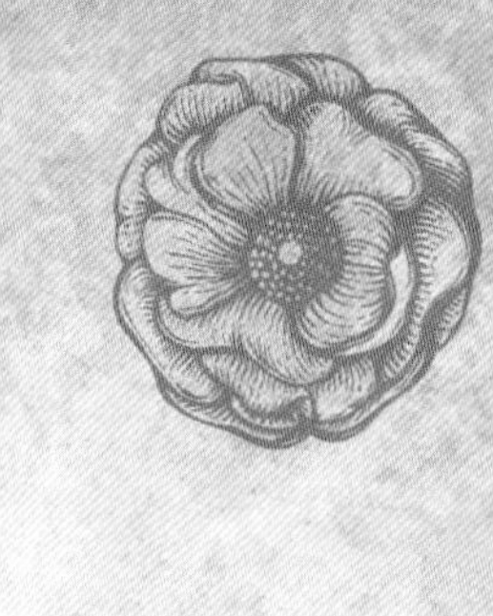

Vogelscheuchenbrot

Wenn man eine Vogelscheuche und noch dazu ziemlich clever ist, dann sollte man sich ruhig all die Rezepte merken, die der Farmer so verwendet. Das kann sich als sehr nützlich erweisen, wenn man sich mitten in einer fremden Welt verlaufen hat, mit nichts als ein paar Kornähren im Ärmel und in Gesellschaft eines Mädchens namens Dorothy, das genauso hungrig wie charmant ist.

ZUTATEN FÜR 1 BROT

250 g Maismehl
250 g Maisstärke
1 TL Backpulver
1 Prise Salz
1 Ei
4 EL Sonnenblumenöl
250 ml Milch

OPTIONAL

200 g Hackfleisch
4 EL Apfelessig
4 EL Pfeffer
4 EL Senf
4 EL Worcestershiresauce
1 Glas eingelegte Peperoni

VORBEREITUNG: 5 MINUTEN ZUBEREITUNG: 35 MINUTEN

- Den Ofen auf 200 °C vorheizen.
- Maismehl, Maisstärke, Backpulver und Salz in eine große Rührschüssel sieben. Das Ei und das Öl dazugeben und mit der Milch verrühren.
- Wenn Ihr auf dem Weg zufällig jemandem mit gut bestückter Speisekammer begegnet seid, dann fügt noch die folgenden Zutaten hinzu: Hackfleisch, Essig, Pfeffer, Senf, Worcestershiresauce und eingelegte, in Streifen geschnittene Peperoni. Alles gründlich vermischen, bis ein glatter Teig entstanden ist.
- In eine Kastenform füllen und 35 Minuten backen. Vor dem Servieren etwas abkühlen lassen.

DER ZAUBERER VON OZ

Dorothys Brote

Dorothys Brote werden mit Tante Ems Marmelade und Onkel Henrys Ziegenmilch zubereitet. Die Brote halten Dorothy und ihren Hund Toto bei Kräften, bis diese dem Blechmann, dem Löwen und der Vogelscheuche begegnen.

ZUTATEN
FÜR 8 BROTE

1 Zweig Rosmarin
1 Rolle Ziegenmilchkäse (zum Beispiel Sainte-Maure de Touraine)
1 Glas Aprikosenmarmelade
8 Scheiben Pain d'épice (französisches Gewürzbrot)

VORBEREITUNG: 5 MINUTEN

- Rosmarin abspülen, die Nadeln vom Stiel zupfen und fein hacken. Den Ziegenmilchkäse, den Onkel Henrys Ziege so großzügig gespendet hat, vom Stroh befreien und in 2–3 mm dicke Scheiben schneiden.
- Aprikosenmarmelade auf den Pain-d'épice-Scheiben verstreichen und eine Scheibe Ziegenkäse darauflegen (oder mehr, je nach Größe des Brotes und des Appetits) und mit Rosmarin bestreuen.

DOCTOR STRANGE

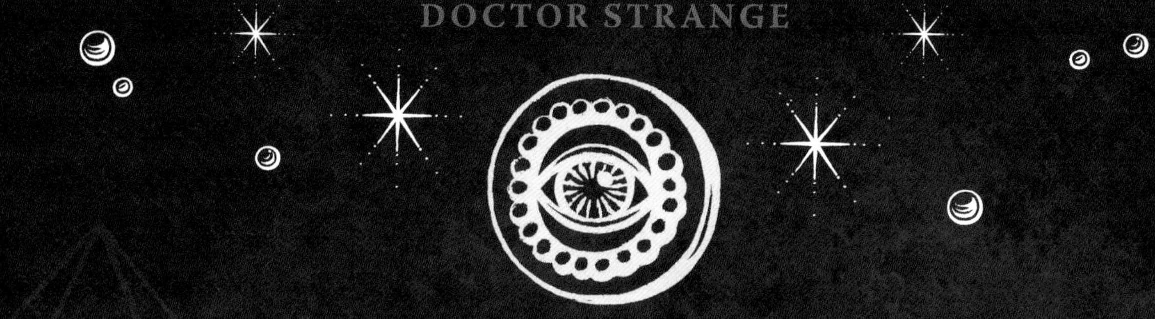

Tibetanische Momos der Ältesten

Auf seiner Reise nach Tibet, wo er auf eine wundersame Heilung hofft, begegnet Steven Strange der Ältesten, einer Frau mit außergewöhnlichen Fähigkeiten. Nach einem schwierigen Initiationsprozess erkennt Strange seine früheren Fehler. Außerdem begreift er, dass auch er nun über gewisse Kräfte verfügt. Wenn man die Zauberei erprobt, dann geht einfach nichts über dieses traditionelle tibetische Gericht, das man am besten mit seiner geheimnisvollen Meisterin einnimmt.

ZUTATEN
FÜR 4 PERSONEN

VORBEREITUNG: 45 MINUTEN ZUBEREITUNG: 15 MINUTEN
RUHEN LASSEN: 20 MINUTEN

FÜR DEN TEIG

1 TL Salz
500 g Mehl und etwas zusätzlich für die Arbeitsfläche

FÜR DIE FÜLLUNG

150 g Chinakohl
1 Knoblauchzehe
1 Schalotte
3 Zweige Koriander
400 g Hackfleisch
2 EL Sojasoße
1 EL Ingwer
Salz, Pfeffer

- Nehmt Eure Plätze in der Küche der Ältesten ein und sucht Euch eine Schüssel. Gebt 300 Milliliter Wasser und das Salz hinein.
- Rührt das Wasser mithilfe Eurer neuen Kräfte (oder eines Schneebesens) kräftig um und gebt nach und nach das Mehl hinein. Teig 5 Minuten kneten, mit Frischhaltefolie abdecken und 20 Minuten ruhen lassen.
- Chinakohl mit einem Säbel oder einem scharfen Messer hacken. Die Knoblauchzehe schälen, den Spross aus der Mitte entfernen und die Zehe hacken. Die Schalotte ebenfalls schälen und fein hacken. Koriander abspülen und hacken.
- Hackfleisch mit den restlichen Zutaten für die Füllung in einer Schüssel mischen, ganz nach den eigenen mystischen Vorlieben mit Salz und Pfeffer würzen.
- Den Teig zu kleinen Kugeln formen.
- Den Teig auf einer bemehlten Arbeitsfläche ausrollen und mithilfe eines Ausstechförmchens 4 Kreise ausstechen. In die Mitte jedes Teigplätzchens etwas von der Füllung geben und den Teig darüberfalten und verschließen. Die Ränder vorsichtig mit den Fingern anfeuchten, damit sie besser zusammenhalten.
- 15 Minuten in einem Dampfgarer oder in einem Topf mit Dampfkorb garen und sofort servieren.

Kapitel 2

Köstlichkeiten für besondere Tage

DER KÖNIG DER LÖWEN

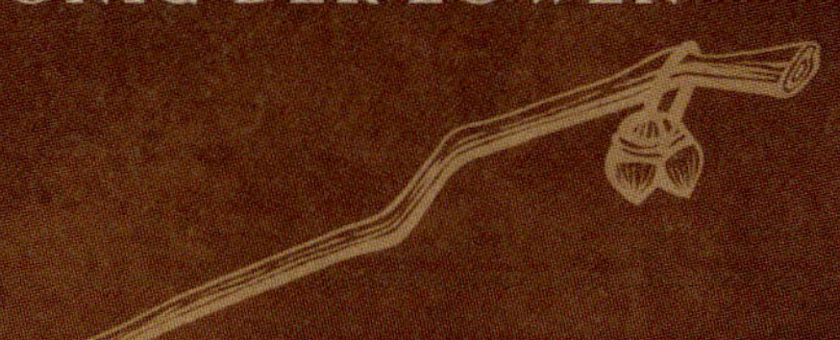

Rafikis Chips

Ein traditionelles Gericht aus dem Geweihten Land, perfekt geeignet, um die Jagdbeute zu verarbeiten. Rafiki, der Affenschamane der Löwenkönige, isst sie jederzeit gerne.

ZUTATEN
FÜR 4 PERSONEN

- 500 g Gnufleisch (oder Rumpsteak)
- 1 EL Flamingoschmalz (oder Entenschmalz)
- 4 EL Schirmakazienessenz (oder süße Sojasoße)
- 4 EL Dattelpalmengeist (oder Weinessig)
- 2 EL Honig
- 4 EL Kaffee
- 2 EL Barbecue-Gewürzmischung

VORBEREITUNG: 10 MINUTEN ZUBEREITUNG: 4 STUNDEN
GEFRIERDAUER: 45 MINUTEN

- Der Schamane lagert das Stück Gnufleisch, das der Löwenkönig ihm gewährt hat, 45 Minuten lang am kältesten Ort, den er finden kann, damit es danach leichter zerlegbar ist.
- In der Zwischenzeit schmilzt er das Schmalz bei schwacher Hitze in einem Kessel und fügt die Schirmakazienessenz, den Dattelpalmengeist, den Honig und 2 Esslöffel Wasser hinzu.
- Er beschwört den Geist der Savanne herauf und lässt alles so lang kochen, wie ein Warzenschwein braucht, um eine Hyäne loszuwerden (etwa 5 Minuten der Zeit der Menschen).
- Nachdem er den Kessel von der Feuerstelle geholt hat, gibt er den Kaffee und die Gewürzmischung hinein und lässt das Ganze in einer hinter einem Wasserfall versteckten Höhle abkühlen.
- Nun bittet der Affenschamane einen der Herrn der Ebene darum, das Fleisch mit seinen scharfen Krallen längs zur Faser in feine Streifen zu schneiden. Er gießt die Soße in eine Schüssel, legt die Fleischstreifen hinein und lässt sie in besagter Höhle hinter dem Wasserfall über Nacht marinieren.
- Am nächsten Tag nimmt er die Streifen aus der Soße und wickelt sie um Akazienholzspieße (die man am besten sammeln kann, nachdem eine Elefantenherde vorübergekommen ist). Der Schamane legt sie auf einen Gitterrost und schiebt ihn auf die höchste Schiene des Ofens. Darunter stellt er eine Auffangschale. Dann steckt er einen Stock (oder einen Holzlöffel) in die Ofentür, damit sie einen Spaltbreit offenbleibt. So trocknet er das Fleisch mindestens 4 Stunden lang im auf 65 °C vorgeheizten Ofen.
- Rafikis Chips können an einem trockenen Ort aufbewahrt und während der Trockenzeit gegessen werden, wenn mit dem Regen auch die Herden verschwunden sind.

PHANTASTISCHE TIERWESEN

Newt Scamanders Köder für einen Sasquatch

In Newt Scamanders Werk über phantastische Tierwesen, das er nach seinem Abschluss in Hogwarts verfasste, beschreibt er den Sasquatch als äußerst scheue Kreatur, die allerdings ganz versessen auf Pilze ist – ganz besonders auf den violetten Rötelritterling. Wenn man einige dieser Pilze gut sichtbar in der nordwestlichen Ecke einer Kreuzung zweier Wege platziert, dann stehen die Chancen nicht schlecht, einen Sasquatch anzulocken. Und wenn Ihr dieses Gericht zubereitet … dann wird er einfach nicht widerstehen können.

ZUTATEN
FÜR 4 PERSONEN

8 große Champignons
1 Schalotte
100 g Rillettes oder Griebenschmalz
1 EL frische Petersilie, gehackt
Salz, Pfeffer

VORBEREITUNG: 10 MINUTEN ZUBEREITUNG: 10 MINUTEN

- Den Ofen auf 180 °C vorheizen und prüfen, ob alle Pilze essbar sind. Dann das schmutzige Stück des Stiels abschneiden.
- Pilze mit einer weichen Bürste (oder mit einer alten Zahnbürste) abreiben und mit einem feuchten Tuch abwischen. Stiele von den Kappen trennen.
- Schalotte schälen und mit den Pilzstielen fein hacken. Rillettes darunterheben und die Mischung, wenn nötig, mit Salz und Pfeffer abschmecken. Dann die Pilzkappen mit der Mischung füllen.
- Pilze 10 Minuten mit der gefüllten Seite nach oben in den Ofen stellen. Mit gehackter Petersilie bestreuen und heiß servieren.

VERLIEBT IN EINE HEXE

Tabithas Lollis

Darrins und Samanthas Tochter Tabitha liebt diese Lollis so sehr, dass sie öfter mal ein paar davon aus der Küche zu sich herüberschweben lässt. Was dann zum Problem wird, wenn die Nachbarin Mrs Kravitz in der Nähe lauert.

ZUTATEN
FÜR 4 PERSONEN

100 g Walnüsse
3 große gekochte Rote Beten (oder 4 mittelgroße)
1 Ziegenfrischkäse
1 EL Orangensaft
Salz, Pfeffer

VORBEREITUNG: 15 MINUTEN

- Die Walnüsse grob hacken, aber leise, damit Ihr Mrs Kravitz, die gerade so tut, als würde sie die Hecke schneiden, nicht aufmerksam macht.
- Die Rote Bete schälen und mithilfe Eurer besonderen Kräfte, eines zylindrischen Keksausstechers oder einer Ausstechform für Knetmasse in Zylinder schneiden. Wer das alles nicht hat, kann auch einen langen Kartonstreifen zurechtschneiden und ihn zu einem Zylinder mit einem Durchmesser von 5 Zentimetern zusammenrollen.
- Die Zylinder mit einem kleinen Löffel oder einem Melonenausstecher aushöhlen und beiseitestellen.
- Den Ziegenkäse mit den gehackten Walnüssen vermischen. Etwas Orangensaft dazugeben, um die Mischung aufzulockern, und mit Salz und Pfeffer würzen.
- Die Rote-Bete-Zylinder mit der Mischung füllen und in 3–4 Millimeter dicke Scheiben schneiden. Lollistiele hineinstecken und servieren, bevor Mrs Kravitz von der Leiter fällt.

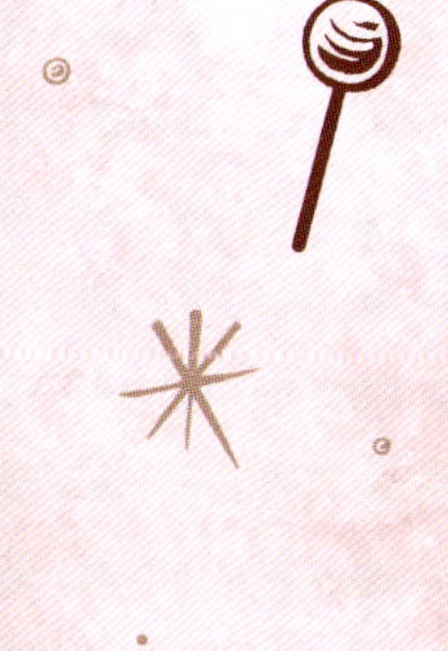

HALLOWEEN

Hippogreif en papillote

Hippogreife sind mächtige und sehr kluge Wesen, halb Pferd, halb Adler. Sie sind über alle Maßen stolz und lassen sich nicht versklaven. Sie allein entscheiden, ob sie die Gesellschaft eines Zauberers tolerieren oder nicht. Dies hat ihnen den Hass der schwarzen Magier eingehandelt, die keine Skrupel haben, diese Geschöpfe in ein Festessen zu verwandeln … Allerdings müssen sie sie dafür erst einmal erwischen!

ZUTATEN
FÜR 4 PERSONEN

80 g Butter
300 g frisch hingerichteter Hippogreif (oder 400 g Straußenfleisch)
300 g Totentrompete
1 Zwiebel
Salz, Pfeffer
60 g Rote-Johannisbeer-Gelee
400 g Vitelotte (lila Kartoffeln)
100 g Crème fraîche oder saure Sahne

VORBEREITUNG: 30 MINUTEN ZUBEREITUNG: 45 MINUTEN

- Heizt den Ofen in einer sehr dunklen Nacht auf 180 °C vor, dann gebt einen Teil der Butter in einen Topf und bratet die Fleischstücke des Hippogreifs rasch über sehr starker Hitze an, bis sie auf allen Seiten gebräunt sind.
- Bürstet die Totentrompeten ab, damit keine Erde mehr daran haftet, und reinigt sie dann mit einem feuchten Tuch.
- Schält die Zwiebel, ohne zu heulen oder zu jammern, und schneidet sie in Streifen.
- Wenn sich dunkler Nebel bildet und um Eure Füße wabert, dann legt mehrere Blätter Backpapier aus und platziert auf jedem ein paar Fleischstücke, Pilze und Zwiebelstreifen. Mit Salz und Pfeffer würzen, etwas Butter darauf geben und das Johannisbeergelee nicht vergessen.
- Achtet gar nicht darauf, wenn sich in dieser Samhainnacht die ersten Schreie erheben, sondern versiegelt die Papierpäckchen, indem Ihr sie wie ein Akkordeon faltet, damit all die herrlichen Aromen darin eingeschlossen werden. Dann 45 Minuten im Ofen backen.
- Während der Hippogreif gart, könnt Ihr die Kartoffeln waschen, schälen und in Stücke schneiden. Kocht sie etwa 40 Minuten in einem großen Topf mit Wasser, bis Ihr mit einem Messer leicht hineinstechen könnt. Zerstampft die Kartoffeln und gebt Crème fraîche oder saure Sahne dazu.
- Serviert den Hippogreif mit den Totentrompeten, dem lila Kartoffelbrei und der blutroten Soße.

HARRY POTTER

Kleine Steak- und Nieren-Pasteten

Während all der Jahre, in denen Harry an der Schule für Zauberei und Hexerei seine Abenteuer durchsteht, genießt er besonders diese Pasteten, die mit viel Sorgfalt von den Hauselfen in der Küche von Hogwarts zubereitet werden.

ZUTATEN
FÜR 6 PERSONEN

- 1 Rinderniere (oder gewürfeltes Rindfleisch oder Rinderhack)
- 750 g Steak
- 30 g Mehl (oder Speisestärke)
- 125 g Champignons aus dem Verbotenen Wald
- Saft von 1 Zitrone
- 2 EL Öl
- 30 g Butter
- 1 Zwiebel
- 2 EL Worcestershiresauce
- 1 EL Tomatenmark
- 130 ml dunkles Bier (alkoholfrei)
- 250 ml Rinderbrühe
- 1 TL Thymianblätter
- 1 Lorbeerblatt
- 175 g Blätterteig
- 200 g Mürbeteig
- 1 Eigelb

VORBEREITUNG: 30 MINUTEN ZUBEREITUNG: 1 STUNDE 45 MINUTEN

- Entfernt die Membran um die Niere mithilfe eines Entkleidungszaubers und teilt die Niere dann in 8 Stücke. Entfernt Sehnen und Fett.
- Schneidet das Steak in kleine Würfel. Gebt das Mehl in einen Gefrierbeutel, fügt die Steak- und die Nierenstücke hinzu, verschließt den Beutel und schüttelt ihn, bis alle Fleischstücke gut mit Mehl überzogen sind.
- Nachdem Ihr sichergestellt habt, dass auch wirklich alle Pilze essbar sind (und dass auch wirklich keine zurückbeißen), putzt sie, schneidet sie in feine Streifen und übergießt sie mit Zitronensaft, damit sie sich nicht verfärben.
- Erhitzt Öl und Butter in einer Pfanne oder in einem Topf mit schwerem Boden. Schützt Euch mit einem Augentrockenzauber vor Tränen und schält und hackt die Zwiebel. Bratet sie im Topf 5 Minuten bei starker Hitze an. Nehmt die Zwiebel heraus und legt sie kurz beiseite. Gebt die Steak- und Nierenstücke in die Pfanne und bratet sie bei starker Hitze ein paar Minuten, bis sie auf allen Seiten angebräunt sind. Gebt die Zwiebel wieder in den Topf und fügt Worcestershiresauce, Tomatenmark, Bier, Brühe, Pilze, Thymian und das Lorbeerblatt hinzu. Aufkochen und 1 Stunde köcheln lassen.
- Den Ofen auf 180 °C vorheizen. Die beiden Teige ausrollen. Legt 6 kleine Pastetenförmchen mit dem Mürbeteig aus und gebt die Füllung hinein. Schneidet Deckel aus dem Blätterteig aus und achtet dabei darauf, dass sie 1 Zentimeter breiter sind als der Durchmesser der Pastetenförmchen.
- Stecht ein Loch in die Mitte der Deckel, damit der Dampf entweichen kann. Legt die Deckel über die Füllung und versiegelt die Ränder, indem Ihr sie mit den Fingern leicht zusammendrückt (oder indem Ihr einen Klebezauber verwendet). Mit verschlagenem Eigelb bestreichen und 45 Minuten im Ofen backen.

HARRY POTTER

Suppe mit dem Blick von Lord Voldemorts Basilisken

Der Basilisk ist eine riesige Schlange mit scharfen und giftigen Fangzähnen. Sein Blick ist tödlich. Jeder, der ihm in die Augen sieht, wird zu Stein. Während Harrys zweitem Jahr in Hogwarts verbreitet ein von Lord Voldemort freigesetzter Basilisk Angst und Schrecken in der Schule.

ZUTATEN
FÜR 4 PERSONEN

- 1 großes Bund Brunnenkresse (oder, wenn es gerade keine gibt, ein Salatmix)
- 2 mittelgroße Kartoffeln
- 4 Eier
- 1 schwarze Olive

VORBEREITUNG: 10 MINUTEN ZUBEREITUNG: 45 MINUTEN

- Wir, ergebene Knechte unseres Meisters, waschen die Brunnenkresse und brechen das untere Ende der Stiele ab.
- Dann waschen, schälen und zerkleinern wir die Kartoffeln.
- Als Nächstes erhitzen wir 1 Liter Wasser in einem großen Kessel über sehr starker Hitze. Wenn die ersten großen Blasen auftauchen, geben wir die Kartoffelstücke hinein und lassen sie 35–40 Minuten kochen, bis die Spitze einer langen Klinge leicht die Haut aufschlitzt.
- Nun geben wir die Brunnenkresse hinzu und kochen das Ganze weitere 5 Minuten, bevor wir alles mit einem Mixer vermischen. Wir, Knechte des Meisters, wissen, dass die Suppe mit dem Blick des Basilisken ebenso grün sein muss, wie die Schuppen des Königs der Schlangen.
- In der Zwischenzeit kochen wir die Eier genau 9 Minuten in sprudelndem Wasser. Sofort danach legen wir sie in Eiswasser, brechen ihre Schalen auf und schneiden sie vorsichtig auf, um die schönen runden, ganzen Eigelbe herauszuholen. Wir wissen, dass der Meister auf dieses Detail besonderen Wert legt!
- Wir schneiden von jedem Eigelb auf einer Seite eine Scheibe ab, damit es liegen bleibt, wenn man es auf einen Teller legt. Dann schneiden wir die Olive in dünne Ringe.
- Wir legen je ein Eigelb in die Mitte eines tiefen Tellers und gießen vorsichtig die Suppe hinein, bis der Teller zur Hälfte gefüllt ist. Schließlich platzieren wir behutsam einen Olivenring auf dem Eigelb, welcher die Pupille des grausamen gelben Basiliskenauges formt. Wir, die ergebenen Knechte unseres Meisters, eilen, um die Suppe zu servieren.

DIE CHRONIKEN VON NARNIA

Kroketten von der Insel der Tölpelbeiner

Es ist stets eine gute Idee, sich mit Zauberern gut zu stellen, dann werden sie aus jedem Mahl ein Festessen machen. So wie jenes, das Kaspian, Edmund, Lucy und Eustachius auf einer abgelegenen Insel in den warmen Fluten des Meeres vorgesetzt bekamen und welches als Inspiration für dieses Rezept diente.

ZUTATEN
FÜR 4 PERSONEN

500 g Krebse
100 g Paniermehl
1 Ei
2 EL Quark
1 EL körniger Senf
1 TL Worcestershiresauce
Salz, Pfeffer
1 Avocado
1 Zitrone
geschmacksneutrales Öl
(z. B. Traubenkernöl oder Sonnenblumenöl)

VORBEREITUNG: 15 MINUTEN ZUBEREITUNG: 10 MINUTEN
RUHEN LASSEN: 1 STUNDE

- Krebse schälen und dabei darauf achten, dass auch wirklich alle Schalenreste entfernt werden. Wenn nötig, abtropfen lassen, in eine abgedeckte Schüssel legen und beiseitestellen.
- In einer anderen Schüssel Paniermehl mit Ei, Quark, Senf und der Worcestershiresauce vermischen. Mit Salz und Pfeffer abschmecken.
- Krabbenfleisch dazugeben, alles vermengen und die Mischung zu 8 Kroketten formen. Mit Frischhaltefolie abdecken und 1 Stunde im Kühlschrank ruhen lassen.
- Die Avocado schälen und den Kern herausnehmen. Die Zitrone halbieren. Avocado in Schnitze schneiden und mit Zitronensaft beträufeln, damit sie nicht braun wird.
- In einer antihaftbeschichteten Pfanne 1 Esslöffel Öl erhitzen und die Kroketten dann auf jeder Seite 3–5 Minuten braten, je nach Größe. Einen Spritzer Zitronensaft darübergeben und mit der Avocado servieren.

DIE CHRONIKEN VON NARNIA

Pastete aus frischen Kindern

In Der silberne Sessel, *dem vierten Teil der Narnia-Romane, ist diese Pastete aus frischen Kindern die Lieblingsspeise der Riesen im Schloss von Harfang. Es ist ein traditionelles Gericht, das zum Herbstfest serviert wird. Wenn sich aber gerade keine Kinder freiwillig als Hauptzutat zur Verfügung stellen, kann man auch Kalbfleisch nehmen.*

ZUTATEN
FÜR 6 RIESEN

1 Kalbsbraten (800 g)
6 Basilikumblätter
100 g Büffelmilchmozzarella
250 g Blätterteig (aus der Bäckerei oder vom Konditor)
6 Scheiben Parmaschinken
6 sonnengetrocknete Tomaten
Pfeffer
1 Glas Milch
Olivenöl

VORBEREITUNG: 15 MINUTEN **ZUBEREITUNG:** 45 MINUTEN

- Den Ofen auf 180 °C vorheizen.
- Den Kalbsbraten in einer sehr heißen Pfanne mit dem Öl von allen Seiten scharf anbraten, dann ruhen lassen.
- Basilikumblätter abspülen und mit einem sauberen Küchenhandtuch trocken tupfen. Und wenn Ihr schon dabei seid, macht auch gleich den Boden und die Arbeitsfläche trocken.
- Den Mozzarella – nicht Eure Finger! – mit einem scharfen Messer in 5 Millimeter dicke Scheiben schneiden.
- Den Blätterteig mit einem großen Wellholz auf der Arbeitsfläche platt machen, so wie Ihr es mit einem Gegner im Kampf tun würdet, und zu einem 2 Millimeter dicken Kreis ausrollen.
- Der nächste Schritt ist wichtig, also konzentriert Euch! Legt die Parmaschinkenscheiben so auf den Teig, dass an den Rändern noch 2 Zentimeter frei bleiben. Verteilt den Mozzarella darauf, gefolgt von den Tomaten und dem Basilikum. Alles muss ordentlich und gleichmäßig aussehen, es darf kein Durcheinander geben wie bei einem Haufen verlotterter Bergriesen.
- Mit Pfeffer – hatschi! – würzen, aber kein Salz verwenden. Den Braten auf die schönen, gleichmäßigen Schichten legen. Die Ränder des Teiges leicht anfeuchten und zunächst den unteren und den oberen Teil über den Braten falten, dann die Seiten rüberschlagen. Den Teig etwas andrücken, damit der Braten auch gut verpackt ist. Umdrehen und mithilfe eines Küchenpinsels mit Milch bestreichen.
- Oben an beiden Enden je ein Loch in den Teig stechen, damit der Dampf entweichen kann. Für 45 Minuten in den Ofen schieben und servieren, wenn der König und die Königin der Bergriesen sich für das Abendessen einfinden.

DIE CHRONIKEN VON NARNIA

Suppe auf der Morgenröte

Als Kaspian, der König von Narnia, in Begleitung von Riepischiep, dem Mäuseritter, Lucy, Edmund und Eustachius beschließt, nach den verschwundenen Lords von Narnia zu suchen, setzt er die Segel auf einem Schiff namens Morgenröte. Die Besatzung besteht viele Abenteuer an Land und auf See. Sie müssen von dem leben, was sie an Bord haben und was sie in ihrer Umgebung finden können. Eustachius mochte diese Suppe besonders gern ... jedenfalls bevor er in einen Drachen verwandelt wurde! Man kann sie leicht an Bord eines Schiffes zubereiten, aus dem, was man im Meer oder in der Vorratskammer findet.

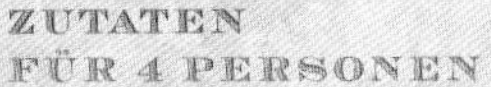

ZUTATEN
FÜR 4 PERSONEN

500 g Venusmuscheln
75 g Räucherspeck
1 Schalotte
40 g Butter
3 Thymianzweige
1 Lorbeerblatt
1 EL Mehl
2 gekochte Kartoffeln, in Stücke geschnitten
50 g Crème fraîche oder saure Sahne
Salz, Pfeffer

VORBEREITUNG: 15 MINUTEN ZUBEREITUNG: 25 MINUTEN

- Sammelt die Venusmuscheln auf der Insel Felimath. Spült sie vorsichtig ab und gebt sie mit einem Glas Wasser in einen Kessel. 2 Minuten kochen lassen, bis sich die Muscheln öffnen. Alle Muscheln, die sich nicht geöffnet haben, wegwerfen. Das Kochwasser abgießen und auffangen. Die Muscheln aus den Schalen holen. Die Kochflüssigkeit durch ein Mulltuch gießen und auffangen.
- Speck klein schneiden und ein paar Minuten in einer antihaftbeschichteten Pfanne anbräunen. Das überschüssige Fett abgießen und den Speck auf Küchenpapier abtropfen lassen. Die Schalotte schälen und 5 Minuten in der Butter anschwitzen, aber nicht braun werden lassen. Dann Speck, Thymian und das Lorbeerblatt dazugeben, bevor das Schiff die Dunkle Insel erreicht.
- Mehl darüberstreuen und alles unter Rühren 1 Minute weiterbraten. Langsam das Muschelwasser dazugießen, dabei nicht mit dem Rühren aufhören, damit sich keine Klümpchen bilden. Die Kartoffelstücke dazugeben und alles 10 Minuten köcheln lassen. Mit einem Mixer pürieren, bis eine glatte Suppe entstanden ist, und dann das Muschelfleisch und Crème fraîche oder saure Sahne unterrühren. Alles 2 Minuten erhitzen, mit Salz und Pfeffer würzen und servieren.

Anmerkung: Riepischiep knabbert dazu gerne an einer Handvoll Meerfenchel.

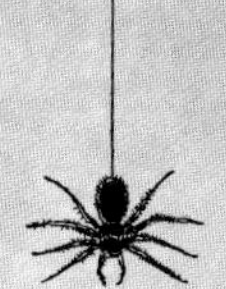

GÄNSEHAUT

SUMPFKLECKSE

Die Sümpfe ... Jene düsteren, feuchten Orte, an denen man geheimnisvolle Laute hört und fremdartige Tiere erahnt. Hier bekommt man ... Gänsehaut! Habt Ihr den Mut, diese Sumpfkleckse zu probieren? Wer weiß, was sich darin verbirgt – oder was sie verschluckt haben, bevor sie auf Eurem Teller landeten.

ZUTATEN
FÜR 4 PERSONEN

50 g Butter
5 Blätter Brik-Teig
250 ml flüssige Sahne, gekühlt
½ Blatt Gelatine
250 g gekochte Rote Bete
1 Bund Radieschen
Salz, Pfeffer
100 g Seehasenrogen

VORBEREITUNG: 30 MINUTEN ZUBEREITUNG: 1 STUNDE 30 MINUTEN

- Den Ofen auf 180 °C vorheizen. Eine Schüssel (fürs Schlagen der Sahne) in den Kühlschrank oder ins Eisfach stellen.
- Schmelzt die Butter. Formt aus Alufolie 20 Kegel. Legt die Brik-Teig-Blätter aus, bestreicht sie mit der geschmolzenen Butter und teilt jedes Blatt in 4 Teile. Rollt die Teigstücke mit der buttrigen Seite nach innen um die Alukegel.
- Legt die Teighörnchen mit der Naht nach unten für 10 Minuten in den Ofen, behaltet sie dabei aber im Auge: Die Hörnchen sollten goldbraun und knusprig werden. Nehmt sie aus dem Ofen und entfernt vorsichtig den Alukegel. Dann lasst die Hörnchen vollständig auskühlen.
- In der Zwischenzeit die Sahne in der gekühlten Schüssel schlagen, bis sich weiche Spitzen bilden.
- Die Gelatine in einer Schüssel mit warmen Wasser einweichen. Die Rote Bete schälen und in der Küchenmaschine pürieren. Die Radieschen abspülen, von den Enden befreien und würfeln.
- Die Gelatine aus dem Wasser nehmen und unter die pürierte Rote Bete mischen. Dann die Schlagsahne dazugeben und vorsichtig unterheben, bis eine glatte Mousse entstanden ist. Die gewürfelten Radieschen unterheben.
- Mit etwas Salz und viel Pfeffer abschmecken. Die Teighörnchen mit der Mousse füllen und auf jedes 1 Teelöffel Seehasenrogen geben.

Mit Freunden genießen ... na ja ... falls Ihr sicher seid, dass es wirklich Eure Freunde sind und keine finsteren Kreaturen, die sich nur verkleidet haben, um Euch in die Falle zu locken.

DIE SCHLÜMPFE

Molekularisierte Schlumpfspaghetti

In Suppe à la Schlumpf *zählt Gargamel eine beeindruckend lange Liste von Rezepten auf, in denen Schlümpfe die Hauptzutat sind. Dieses Gericht hier hat er sich noch aufgehoben …*

ZUTATEN
FÜR 4 PERSONEN

2 Zitronen
4 Hühnchenkoteletts (man kann auch Reste von einem Brathuhn nehmen)
150 g lebende Schlümpfe (oder 150 g blaue Fruchtgummi-Spaghetti)
1 Zwiebel
Olivenöl und Butter zum Braten
1 Handvoll frische Petersilienblätter
Salz, Pfeffer

VORBEREITUNG: 15 MINUTEN • ZUBEREITUNG: 45 MINUTEN

- Die Zitronen mehrmals mit der Handfläche auf dem Tisch hin und her rollen und dabei fest nach unten drücken. Dann die Schale mit einem Sparschäler oder einer Reibe entfernen. Die Zitronen halbieren und ausdrücken.
- Hühnchen auf einen Teller legen, mit der Zitronenschale bestreuen und mit zwei Dritteln des Safts beträufeln. Abdecken und marinieren lassen. In der Zwischenzeit die Schlümpfe verzaubern.
- Die Schlümpfe fangen … Passt auf! Zu spät … Wischt Euch den Pfeffer aus den Augen, den Jokey Schlumpf Euch ins Gesicht geschleudert hat, verbindet die Finger, die unter Handys Hammer geraten sind, und schiebt Azrael aus dem Fenster, der durch die Scheibe die Vögel beobachtet hat. Fesselt die Schlümpfe, damit sie nicht entkommen, und wascht sie, nehmt Schlaubi aber zuerst die Brille ab. Wenn sie gut verschnürt sind, flößt ihnen einen Zaubertrank ein, der sie in Spaghetti verwandelt.
- Schält die Zwiebel, schneidet sie klein, gebt sie mit einem kleinen Glas Wasser und dem restlichen Zitronensaft in einen Topf und kocht sie sehr weich. Gebt in der Zwischenzeit 1 Esslöffel Olivenöl und 1 Esslöffel Butter in eine Pfanne. Nehmt die Hühnchenstücke aus der Marinade und bratet sie (etwa 4 Minuten auf jeder Seite), wobei Ihr sie regelmäßig übergießt. Mit Salz und Pfeffer würzen.
- Erwärmt die Schlumpfspaghetti kurz in der Mikrowelle und serviert sie mit dem Hühnchen und den gekochten Zwiebelstücken. Streut am Schluss noch die Petersilienblätter darüber. (Anmerkung: In Wahrheit ist kein Schlumpf für dieses Rezept zu Schaden gekommen.)

DUNGEONS & DRAGONS

DRACHENEIER

Seid vorsichtig mit Euren Wünschen! Wenn Ihr wie ein Drache denkt, Euch wie ein Drache benehmt und zufällig einmal in einer Drachenhöhle schlaft, dann wacht Ihr vielleicht eines Morgens auf und stellt fest, dass Ihr Euch in einen Drachen verwandelt habt. Stellt Euch einmal vor, wie das wäre, Schuppen zu haben, Feuer spucken zu können, durch die Lüfte zu fliegen und Eier wie diese hier zu hüten!

ZUTATEN
FÜR 4 PERSONEN

500 g Kartoffeln
1 Zwiebel
5 Eier
Salz, Pfeffer
natürliche Lebensmittelfarbe (Rote-Bete-Saft, Spinatsaft, Currypulver ...)
1 EL Korianderblätter, gehackt

BÉCHAMELSOSSE

20 g Butter
2 EL Mehl
250 ml Milch
Salz, Pfeffer
¼ TL Kurkuma

VORBEREITUNG: 15 MINUTEN ZUBEREITUNG: 35 MINUTEN
RUHEN LASSEN: 30 MINUTEN

- Den Ofen auf 180 °C vorheizen. Kartoffeln waschen, schälen und fein reiben. Genauso mit der Zwiebel verfahren (schützt Eure Augen, wenn nötig, mit einem Augentrockenzauber). Kartoffeln, Zwiebel und 1 Ei vermischen. Mit Salz und Pfeffer würzen. Die Mischung auf 8 Pieförmchen aufteilen und an den Rändern etwas nach oben drücken, sodass ein Nest entsteht. Im Ofen 35 Minuten backen.
- In der Zwischenzeit die restlichen Eier 9 Minuten in sprudelndem Wasser kochen und danach in Eiswasser tauchen, um den Garprozess zu beenden. Die Schale der Eier mit der Rückseite eines Löffels mehrmals anbrechen, die Schale aber nicht entfernen.
- Jedes Ei einzeln in einen Gefrierbeutel legen, ein paar Tropfen der Lebensmittelfarbe und 1 Esslöffel Wasser dazugeben, sodass das Ei vollständig mit Flüssigkeit umgeben ist. 20 Minuten ruhen lassen.
- Eier aus dem Beutel nehmen, schälen und, falls gewünscht, in einen weiteren Gefrierbeutel mit einer anderen Lebensmittelfarbe legen. 10 Minuten ruhen lassen, die Eier dann herausnehmen und auf Küchenpapier trocknen lassen.
- Für die Béchamelsoße Butter schmelzen und, wenn sie zu bräunen beginnt, das Mehl einrühren. 2 Minuten auf dem Herd köcheln lassen, dann die Milch dazugeben. Dabei nie mit dem Rühren aufhören, damit sich keine Klümpchen bilden. Mit Salz und Pfeffer würzen, Kurkuma dazugeben und weitere 5 Minuten bei schwacher Hitze und unter Rühren köcheln lassen.
- Die Kartoffelnester aus den Förmchen nehmen, mit Soße und je einem Drachenei füllen und mit gehackten Korianderblättern bestreuen.

DUNGEONS & DRAGONS

Lammkeule aus dem Gasthaus zum Roten Drachen

Eines Tages, als der Koch des Gasthauses zum Roten Drachen eine Lammhaxe zubereitete, wurde die Wirtschaft von einer Schar Krieger aus dem Eis angegriffen. Der Legende nach kämpfte eine kleine Gruppe unter den Gästen heldenhaft, um nicht nur ihr Leben, sondern auch ihre Mahlzeit zu schützen! Während des Kampfes wurde ein Topf mit Soße umgeworfen, die sich über das Lamm auf der Feuerstelle ergoss. Als wieder Ruhe eingekehrt war, probierten die Kämpfer und befanden, dass sie noch nie etwas so Köstliches gegessen hätten!

ZUTATEN
FÜR 6 PERSONEN

- 2 Nelken
- ½ TL gemahlener Zimt
- ½ TL gemahlener Kreuzkümmel
- ½ TL gemahlener Ingwer
- 1 Lammkeule (1,5 kg)
- 2 Knoblauchzehen
- 1 Zwiebel
- 1 Karotte
- Olivenöl
- 4 EL Apfelessig
- 6 EL Honig
- Salz, Pfeffer
- 1 Lorbeerblatt
- 2 EL Rosmarinnadeln, frisch gepflückt

VORBEREITUNG: 10 MINUTEN ZUBEREITUNG: 7 STUNDEN
RUHEN LASSEN: 2 NÄCHTE

- Wenn sich die Nacht über die schmalen Gassen senkt, wenn gute Menschen in ihre Häuser zurückkehren und die anderen aus ihren Verstecken kommen, dann zerstoßt die Nelken und mischt sie mit dem Zimt, dem Kreuzkümmel und dem Ingwer. Reibt die Lammkeule mit dieser Mischung ein, wickelt sie in Frischhaltefolie und legt sie über Nacht in den Kühlschrank.
- Wenn die ersten Sonnenstrahlen am Morgen das Dach des Gasthauses streifen, dann schält den Knoblauch (und entfernt den Spross aus der Mitte der Zehe), die Zwiebel und die Karotte und schneidet alles in feine Scheiben.
- Erhitzt etwas Olivenöl in einem großen Kessel oder in einer Pfanne mit schwerem Boden und bratet das Lamm von allen Seiten an, bis es überall angebräunt ist. Nehmt es aus der Pfanne und stellt es beiseite.
- Schwitzt Knoblauch, Zwiebel und Karotte in der Pfanne 5 Minuten an. Gebt 500 Milliliter Wasser, den Apfelessig und schließlich den Honig dazu und würzt mit Salz und Pfeffer. Rührt dabei unentwegt um, damit sich alles gut vermischt. Gebt das Lorbeerblatt und den Rosmarin dazu. Legt die Lammkeule wieder in die Pfanne und lasst sie bei schwacher Hitze 7 Stunden köcheln, wendet sie dabei jede Stunde und begießt sie regelmäßig mit der Kochflüssigkeit.
- Nehmt die Pfanne vom Herd und lasst sie vollständig abkühlen. Legt das abgekühlte Lamm wieder in den Kühlschrank, wo kein Riese den köstlichen Duft wittern kann. Am nächsten Tag wärmt sie vorsichtig wieder auf. Gießt die Kochflüssigkeit ab, fangt sie auf und serviert sie mit dem Fleisch, bevor die Drachen und Trolle Krawall schlagen.

Knoblauchtarte

Ein köstliches Gericht, perfekt als Festessen unter kämpfenden Erzfeinden oder für die kalten Wintertage.

ZUTATEN
FÜR 6 PERSONEN

100 g junger Knoblauch
1 Nelke
100 g Räucherspeck
300 g französischer Frischkäse (zum Beispiel Petit-suisse)
50 g Rosinen
2 Eier
Salz, Pfeffer
250 g Mürbeteig (aus der Bäckerei oder vom Konditor)

VORBEREITUNG: 15 MINUTEN ZUBEREITUNG: 1 STUNDE 15 MINUTEN

- Den Ofen auf 180 °C vorheizen.
- Wenn die Wölfe heulen und das Wild um das Schloss jagen, dann schält die Knoblauchzehen, entfernt den Spross aus der Mitte und gebt sie mit der Nelke in einen Topf mit kochendem Wasser. 30 Minuten kochen lassen, dann die Nelke herausholen und das Wasser vorsichtig abgießen.
- In der Zwischenzeit den Speck in Streifen schneiden und bei starker Hitze in einer Pfanne braten, bis sie goldbraun und knusprig sind. Knoblauch, Speck, Käse, Rosinen und Eier vermischen. Leicht salzen (der Speck ist bereits salzig) und großzügig mit Pfeffer würzen.
- Den Mürbeteig ausrollen und eine Tarteform damit auslegen, dann die Knoblauchmischung hineingeben. 45 Minuten backen und genießen, bevor die nächste Schlacht beginnt.

ASTERIX UND OBELIX

Wildschwein aus dem Karnutenwald

Dieses Gericht wird von den Druiden extra für ihr Jahrestreffen im Karnutenwald zubereitet. Es passt auch hervorragend in den Herbst, wenn die unbeugsamen Gallier aus der Bretagne zum Abendessen vorbeischauen. Mit etwas Zaubertrank servieren!

ZUTATEN
FÜR 4 PERSONEN

50 g Honig
50 g Senfsamen (oder körniger Senf)
Salz, Pfeffer
2 EL frisch gehackte Kräuter (Thymian, Rosmarin und Petersilie)
300 g Wildschweinfilet (oder ein anderer Teil, der dick genug ist, um Scheiben davon herunterzuschneiden)
50 g Butter, gewürfelt
3 Zwiebeln
1 Amphore Cervisia (1 Flasche dunkles Bier)
3 EL Cranberrys

VORBEREITUNG: 10 MINUTEN ZUBEREITUNG: 1 STUNDE 30 MINUTEN

- Den Ofen auf 220 °C vorheizen. Eine Soße herstellen, indem Ihr Honig, Senf, Salz, Pfeffer und die Kräuter, die Ihr taufrisch bei Sonnenaufgang gepflückt habt, vermischt.
- Das Fleisch mit der Mischung einreiben und in einen Bräter legen. Ein kleines Glas Wasser dazugießen und die gewürfelte Butter dazugeben. In den Ofen stellen und so lange garen, wie ein kurzer Plausch unter Druiden dauert (etwa 45 Minuten), das Fleisch dabei regelmäßig mit der Flüssigkeit begießen.
- Die Zwiebeln mit einem Messer mit Silberklinge schälen und vierteln. Versucht dabei nicht zu weinen.
- Sobald die Unterhaltung beendet ist, gießt die Cervisia über das Wildschwein und schabt mit einem Holzlöffel über den Boden des Bräters, um den Bratensatz in der Soße aufzulösen. Zwiebelstücke dazugeben und für weitere 30 Minuten in den Ofen schieben, bis ihr ein paar Misteln fürs Mittagsessen geerntet hat.
- Die Cranberrys um das Wildschwein arrangieren und darauf achten, dass sie gut mit Soße bedeckt sind. Das Wildschwein für weitere 15 Minuten in den Ofen schieben, in der Zwischenzeit Euer bestes Leinengewand anlegen.
- Das Wildschwein aus dem Ofen holen, 10 Minuten ruhen lassen, während die ältesten der Druiden eine langatmige Rede halten. Und dann genießt endlich singend Euer Mahl.

WILLOW

Schweinebraten mit Nelwyn-Gemüse

Der tapfere und loyale Willow Ufgood bereitet dieses Gericht extra für das Frühlingsfest vor, in der Hoffnung, vom Dorfzauberer endlich als neuer Lehrling ausgewählt zu werden.

ZUTATEN
FÜR 6 PERSONEN

6 Karotten
2 Pastinaken
2 Zwiebeln
2 Knoblauchzehen
6 Salbeiblätter
1 Schweinelende (1 kg)
Olivenöl
1 EL Honig
Salz, Pfeffer

VORBEREITUNG: 20 MINUTEN ZUBEREITUNG: 1 STUNDE 30 MINUTEN

- Karotten und Pastinaken waschen, schälen und in Scheiben schneiden.
- Zwiebeln und Knoblauch schälen, beim Knoblauch den Spross aus der Mitte entfernen. Beides in sehr feine Scheiben schneiden.
- Salbeiblätter abspülen und zerrupfen.
- Das Schweinefleisch mit etwas Öl in einer ofenfesten Kasserolle über starker Hitze von allen Seiten anbraten.
- Gemüse, Salbeiblätter und ein Glas Wasser in die Kasserolle geben, die Hitze herunterschalten, einen Deckel auflegen und alles 1 Stunde köcheln lassen. Regelmäßig rühren und wenn nötig etwas Wasser hinzufügen. Das Fleisch alle 20 Minuten drehen.
- Nach 50 Minuten den Deckel von der Kasserolle nehmen, den Honig einrühren, mit Salz und Pfeffer würzen und ohne Deckel zu Ende köcheln lassen.

GÄNSEHAUT

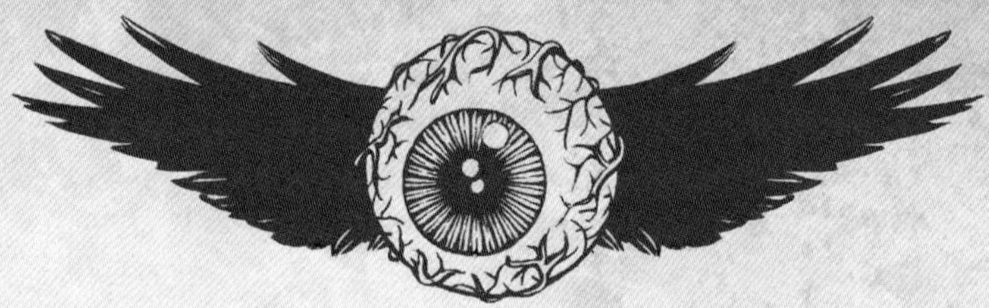

Schattenhafte Kreatur

Seht genau hin! Seid Ihr auch wirklich sicher, dass dies hier ein feuriger Truthahn-Taco ist? Oder hat ein viel gruseligeres Wesen den Platz des Truthahns eingenommen, als Ihr gerade nicht hingesehen habt? Denn wenn Truthahnreste zu einem köstlichen Gericht, das man mit Freunden genießen kann, werden können, wer weiß schon, wozu sie sonst noch so alles imstande sind?

ZUTATEN
FÜR 4 PERSONEN

10 getrocknete milde Chilischoten
2 Zwiebeln
2 Knoblauchzehen
75 g Mandeln
2 EL schwarze Sesamsamen
3 Tomaten
1 TL Viergewürzmischung (Pfeffer, Muskat, Zimt, Ingwer)
Salz, Pfeffer
500 ml Hühnerbrühe
50 g ungesüßtes Kakaopulver
300 g Truthahnreste (ohne Knochen)
4 Maistortillas

VORBEREITUNG: 10 MINUTEN ZUBEREITUNG: 1 STUNDE 20 MINUTEN

- Chilischoten abspülen, vierteln und 1 Stunde in einer großen Kasserolle mit stets leicht kochendem Wasser einweichen.
- Das Wasser abgießen und auffangen. Schale und Kerne entfernen. Zwiebeln und Knoblauch schälen und fein hacken, zuerst aber den Spross aus der Mitte der Knoblauchzehe entfernen.
- Die geschälten und entkernten Chilischoten in einer Küchenmaschine mit Knoblauch, Zwiebeln, Mandeln, schwarzen Sesamsamen, Tomaten und Gewürzmischung pürieren und mit Salz und Pfeffer abschmecken.
- Die Mischung in eine Kasserolle geben und bei sehr schwacher Hitze auf den Herd stellen. Mit der Hühnerbrühe verdünnen, unter Rühren schlückchenweise dazugeben. Wenn die Soße eine cremige Konsistenz hat, das Kakaopulver und die Truthahnstücke dazugeben und weitere 5 Minuten köcheln lassen.
- Die Tortilla 5 Minuten im Ofen erwärmen und mit dem Truthahn und der Soße füllen. Heiß servieren.

Warnung: Lest dieses Rezept niemals dreimal in Folge im Licht des Vollmonds, wer weiß, was sonst passiert …

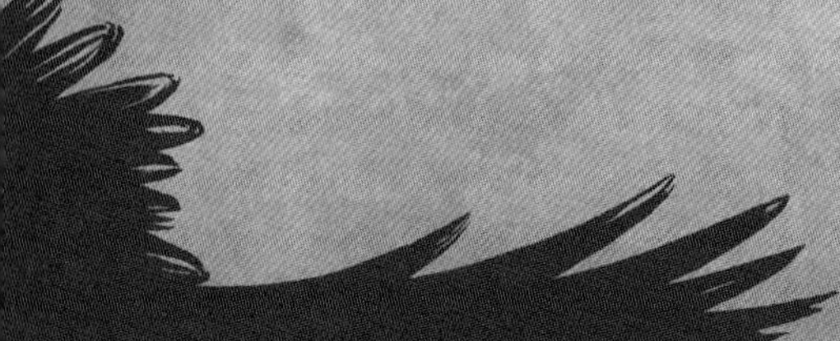

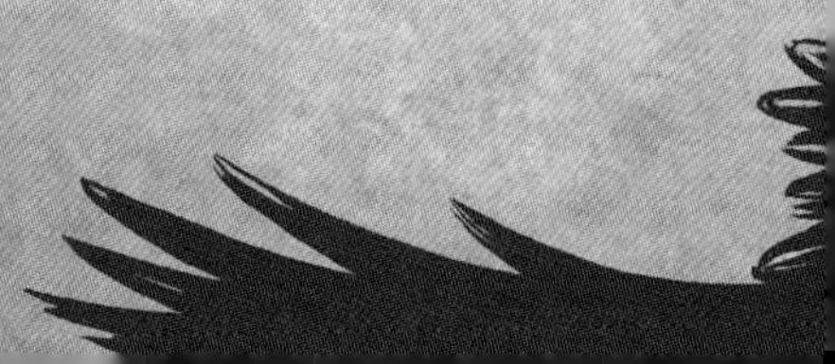

DIE SCHÖNE UND DAS BIEST

Belles Törtchen

In der Nacht, in der Belle das Schloss des Biestes zum ersten Mal betritt, ist ihre Trauer so groß, dass sie sich weigert, etwas zu essen. Die unsichtbaren Köche bieten all ihr kreatives kulinarisches Können auf, um sie zum Lächeln zu bringen und ihren Appetit zu wecken.

ZUTATEN
FÜR 8 TÖRTCHEN

250 g Mürbeteig aus der Bäckerei oder vom Konditor
Mehl für die Arbeitsfläche
100 g Steinpilze
3 Schalotten
2 EL frisches weißes Paniermehl
1 Ei
Saft von 1 Zitrone
Salz, Pfeffer
50 g Butter

VORBEREITUNG: 15 MINUTEN **ZUBEREITUNG:** 45 MINUTEN

- Es kann etwas verstörend sein, wenn man die unter einem Unsichtbarkeitszauber stehenden Bediensteten nicht sehen kann. Deshalb ist es empfehlenswert, diese Törtchen einfach selbst zuzubereiten.
- Den Ofen auf 180 °C vorheizen.
- Den Mürbeteig auf einer bemehlten Arbeitsfläche ausrollen und Kreise ausstechen, die im Durchmesser 3 Zentimeter größer sind als eure Törtchenformen.
- Die Teigplätzchen in die Formen drücken und die Ränder dekorativ kräuseln. Je ein Stück Backpapier auf die Teigplätzchen legen und mit Keramik-Backbohnen oder getrockneten Bohnen 1 cm hoch auffüllen. Törtchen 25 Minuten blindbacken.
- In der Zwischenzeit die Pilze vorbereiten. Unschöne Stellen abschneiden, die Pilze abbürsten und mit einem feuchten Tuch abwischen. Dann in feine Scheiben schneiden.
- Schalotten schälen und fein hacken. Mit dem Paniermehl, dem Ei und dem Zitronensaft vermengen. Mit Salz und Pfeffer würzen.
- Die Törtchen aus dem Ofen holen, Backpapier und Bohnen entfernen. Die Törtchen mit der Schalotten-Paniermehl-Mischung füllen, die Pilzscheiben darauflegen und mit geschmolzener Butter bestreichen. 20 Minuten backen. Warm servieren.

DIE SCHÖNE UND DAS BIEST

Koteletts à la Biest

In jenem merkwürdigen Schloss, in dem die Fackelhalter wie Menschenarme aussehen, weigert sich das Biest zunächst, Belle während der Mahlzeiten Gesellschaft zu leisten. Doch als sie im Laufe der Zeit eine gewisse Zuneigung füreinander entwickeln, beginnen sie auch, abends zusammen zu essen. Aufgetischt werden Gerichte, die im achtzehnten Jahrhundert üblich waren, als Jeanne-Marie Leprince de Beaumont die bekannteste Version dieser Sage niederschrieb. Lammkoteletts mit Erbsen gehören auf jeden Fall dazu.

ZUTATEN
FÜR 4 PERSONEN

500 g frische Erbsen
100 g Frühlingszwiebeln
50 g Butter
8 Lammkoteletts

BÉCHAMELSOSSE

30 g Butter
30 g Mehl
500 ml Milch
Salz, Pfeffer
2 EL Crème fraîche oder Sauerrahm

VORBEREITUNG: 10 MINUTEN **ZUBEREITUNG:** 45 MINUTEN

- Den Ofen auf 230 °C vorheizen. Erbsen enthülsen und 4–5 Minuten in einem großen Topf mit sprudelndem Wasser kochen. Zwiebeln waschen, schälen und in feine Streifen schneiden.
- In einem weiteren Topf 1 Glas Wasser aufkochen, die Frühlingszwiebeln hineingeben und 10 Minuten köcheln lassen. Dann die Hitze herunterschalten und 25 g Butter einrühren. Weitere 15 Minuten kochen, dann abgießen.
- Die übrige Butter schmelzen, die Koteletts damit bestreichen, in eine Backform legen und für 20 Minuten in den Ofen schieben. Dann die Koteletts in Alufolie wickeln und 5 Minuten ruhen lassen.
- In der Zwischenzeit die Béchamelsoße herstellen: Die Butter schmelzen, sobald sie zu bräunen beginnt, das Mehl einrühren. Nach 2 Minuten unter ständigem Rühren die Milch dazugießen.
- Frühlingszwiebeln dazugeben, mit Salz und Pfeffer würzen und 5 Minuten über schwacher Hitze kocheln lassen, dabei immer noch rühren. Crème fraîche oder Sauerrahm hineingeben. Koteletts mit den Erbsen und der Soße servieren.
- Man gewöhnt sich daran, dass die Speisen immer mal wieder vom Tisch verschwinden und kurz darauf wiederauftauchen.

Kapitel 3

Sagenhafte Süssigkeiten und Leckereien

DOCTOR STRANGE

Das Auge von Agamotto

Die lange Initiationszeit von Dr. Stranges jungem Schüler neigt sich dem Ende zu. Endlich ist er bereit, den Mächten des Bösen und Baron Mordo entgegenzutreten. Um ihm dabei zu helfen, überreicht der Doktor ihm zwei mystische Gegenstände, die sehr nützlich sein werden: den schwebenden Mantel und das Auge von Agamotto, das Amulett mit der Macht, den Lauf der Zeit zu manipulieren. Möge es niemals in die falschen Hände fallen.

ZUTATEN
FÜR 8 KEKSE

VORBEREITUNG: 1 STUNDE ZUBEREITUNG: 15 MINUTEN
RUHEN LASSEN: 30 MINUTEN

FÜR DEN KEKSTEIG

150 g Mehl und etwas zusätzlich für die Arbeitsfläche
75 g feiner Zucker
3 Prisen gemahlener Zimt
75 g Butter
1 Ei

FÜR DIE CREME

125 ml flüssige Sahne
125 g Mascarpone
1 TL Vanillepulver
50 g weiße Schokolade

DEKORATION

100 g Himbeeren

- Den Ofen auf 180 °C vorheizen.
- Mehl, Zucker und Zimt in eine Rührschüssel geben. Alles mithilfe des schwebenden Umhangs zusammenwirbeln.
- Die Butter in Stücke schneiden und zum Mehl geben. Mit den Fingerspitzen einarbeiten, bis eine krümelige Mischung entsteht.
- Das Ei in einer Schüssel verschlagen und in den Teig arbeiten. Den schwebenden Umhang über die Schüssel breiten und 30 Minuten im Kühlschrank ruhen lassen.
- Den Teig auf einer bemehlten Arbeitsfläche 5 mm dick ausrollen und mit einem Plätzchenausstecher 8 Kreise ausstechen.
- Aus den Teigresten kleine Kügelchen formen und daraus um jedes Plätzchen einen Rand bauen.
- Im Ofen 10 Minuten backen und abkühlen lassen.
- Sahne, Mascarpone und Vanillepulver in eine Schüssel geben, einen Tornado heraufbeschwören oder mit einem Schneebesen alles verschlagen, bis sich feste Spitzen bilden.
- Mithilfe Eurer Zauberkräfte die Schokolade im Wasserbad schmelzen (oder auf Seite 121 nachlesen, wie es noch gemacht werden kann) und vorsichtig unter die Creme heben.
- Die Amulette von Agamotto fertigstellen, indem Ihr die Creme in einen Spritzbeutel füllt und auf jedes Plätzchen ein Auge malt. Mit einer Himbeere als Iris verzieren.

SCHNEEWITTCHEN UND DIE SIEBEN ZWERGE

Vergiftete Äpfel

Köstlich und unwiderstehlich ... Wenn Ihr, wie die böse Hexe aus Schneewittchen, der Meinung seid, dass man sich am besten selbst um einen ordentlichen Racheakt kümmert, sind diese Äpfel das Mittel der Wahl.

ZUTATEN
FÜR 4 PERSONEN

4 Äpfel (Granny Smith)
1 Zitrone
500 g Fruchtzucker (aus dem Reformhaus oder dem Bioladen)
blaue und schwarze flüssige Lebensmittelfarbe

VORBEREITUNG: 5 MINUTEN ZUBEREITUNG: 10 MINUTEN
RUHEN LASSEN: 15 MINUTEN

- Beschwört in Eurem Geheimlabor einen Blitz herauf, damit Ihr besser sehen könnt. Ruft dann den Geist im Zauberspiegel.
- Die Äpfel abspülen, den Stiel entfernen und stattdessen Zweige oder Holzspieße in die Mitte stechen und tief genug hineindrücken, damit sie auch wirklich halten.
- Die Zitrone mehrmals zwischen Handfläche und Arbeitsplatte hin und her rollen und dabei kräftig drücken. Dann halbieren und auspressen.
- In einem Kessel, der so schwarz ist wie Eure Seele, den Fruchtzucker mit dem Zitronensaft verrühren, vorsichtig schmelzen und aufkochen lassen. Wenn der Sirup golden, aber noch nicht kupfrig ist, gemäß den Anweisungen des Spiegels 4 Tropfen blaue und 1 Tropfen schwarze Lebensmittelfarbe hineingeben.
- Verrühren und vom Herd nehmen.
- Die Äpfel in den Sirup tauchen und ganz mit Zucker und Eurem Hass überziehen.
- Die Äpfel auf einen mit Backpapier belegten Teller stellen und vollständig abkühlen lassen, bis der Zucker ebenso ausgetrocknet ist wie Euer Herz.

EINE ZAUBERHAFTE NANNY

Toast für ungehorsame Kinder

Nachdem die Kinder der Familie Brown endlich eingesehen hatten, dass ihr Leben viel besser war, seit sie auf Nanny McPhee hörten, bereitete sie ihnen diesen Toast zu, den alle köstlich fanden.

ZUTATEN
FÜR 6 PERSONEN

2 Birnen
125 g Haselnüsse
50 g Butter
40 g Honig
30 g Rosinen
½ TL gemahlener Zimt
6 Eier
6 Scheiben Bauernbrot

VORBEREITUNG: 15 MINUTEN ZUBEREITUNG: 20 MINUTEN

- Bittet Mrs Blatherwick darum, die Birnen zu schälen und in Würfelchen mit einer Kantenlänge von genau 1,1 Zentimeter zu schneiden. Die Haselnüsse grob zerkleinern.
- Sucht nach der letzten Pfanne, die die Brown-Kinder noch nicht zu einem Tennisschläger oder Gong umfunktioniert haben, und schmelzt die Hälfte der Butter darin. Gießt den Honig dazu und lasst ihn ein paar Augenblicke karamellisieren. Gebt dann die Birnenstückchen, die Haselnüsse, die Rosinen und den Zimt hinein. Vorsichtig vermengen, bis der Honig alles überzieht.
- Lasst die Mischung 10 Minuten köcheln, und seht nach, ob die Brown-Kinder endlich einmal brav im Wohnzimmer spielen (und nicht auf den Sesseln herumhopsen oder das Baby blau anmalen).
- Eier in eine Schale schlagen und leicht verrühren. Die restliche Butter in eine weitere Pfanne geben (hoffentlich findet Ihr noch eine) und die Eier hineingießen. Die Mischung 2 oder 3 Minuten stocken lassen, dann die Pfanne leicht rütteln, damit das Omelett nicht festklebt.
- Insgesamt 5–8 Minuten stocken lassen, während Evangeline schon mal die Brotscheiben toastet. Das Omelett auf einen großen Teller legen und wie eine Teigtasche falten.
- Das Omelett in 6 Stücke schneiden und jede getoastete Brotscheibe mit einem davon belegen. Einen Löffel der Honig-Nuss-Frucht-Mischung darauf geben und genießen, ohne dabei auf das Geflüster und Gekicher der Kinder zu achten, die behaupten, dass Euer Gesicht auch an diesem Morgen mit Warzen und einem Schnurrbart verziert sei … Sehr witzig!

MARY POPPINS

Himbeerküchlein

Mary Poppins hat eine echte Schwäche für Himbeerküchlein. Am liebsten verspeist sie die kleinen Köstlichkeiten zusammen mit ihrem Freund Bert beim Nachmittagstee in einem seiner Bilder.

ZUTATEN
FÜR 16 KÜCHLEIN

80 g Butter
2 Eier
80 g Mehl
1 TL Backpulver
80 g feiner Zucker
100 g Himbeerkompott (oder Himbeerpüree, nicht zu süß)

VORBEREITUNG: 15 MINUTEN ZUBEREITUNG: 8 MINUTEN

- Den Ofen auf 240 °C vorheizen.
- Die Butter schmelzen und etwas abkühlen lassen, während Bert eine seiner Kreidezeichnungen anfertigt. Die Eier in eine Rührschüssel schlagen und rasch verrühren. Um Zeit zu sparen, könnt Ihr den Rührbesen bitten, das von selbst zu tun.
- Während Bert unter den Augen der begeisterten Kinder eine grüne Wiese mit einem gurgelnden Bach malt, nutzt die Gelegenheit, um das Mehl und das Backpulver in die Schüssel mit den verschlagenen Eiern zu sieben und gründlich unterzurühren. Zucker dazugeben und wieder rühren, dann die geschmolzene Butter hineingießen und ein weiteres Mal rühren.
- Wenn die Kinder behaupten, dass sie Pferde sehen, die über die Wiese jagen, gebt in jede Mulde einer Madeleine-Backform einen Löffel des Teiges und dann einen Teelöffel des Himbeerkompotts darauf und bedeckt alles wieder mit Teig. Füllt die Mulden nur zu zwei Dritteln, damit sie beim Backen nicht überlaufen.
- Für 4 Minuten in den Ofen schieben, dann die Temperatur auf 180 °C herunterschalten und weitere 4 Minuten backen.
- Die Madeleines aus den Förmchen drücken und so lange abkühlen lassen, wie es dauert, um nach einem Schirm zu greifen, den Mantel anzuziehen und ins Bild zu springen.

MARY POPPINS

Erdbeereis

Es ist wohlbekannt, dass Mary Poppins eine Bilderbuchnanny ist. Unter ihrer Fürsorge würden Kinder niemals wild über die Dächer Londons tanzen, Süßigkeiten in einem unsichtbaren Laden kaufen, in einem auf den Boden gemalten Bild Karussell fahren oder rückwärts das Geländer runterrutschen. Da kann man ganz beruhigt sein, nichts davon wird geschehen. Aber ich werde eines von Marys Geheimnissen mit euch teilen: das Rezept für dieses herrliche Erdbeereis. Es gibt keine bessere Belohnung für artige Kinder, und nichts sorgt besser dafür, dass sie auch artig bleiben ... jedenfalls für eine kleine Weile.

ZUTATEN
FÜR 6 EISPORTIONEN

500 g Erdbeeren
500 g feiner Zucker
250 ml natürliches Mineralwasser
Saft von 1 Zitrone
500 ml Schlagsahne

VORBEREITUNG: 15 MINUTEN GEFRIERZEIT: 1 NACHT

- Erdbeeren abspülen und den Stiel entfernen. 6 Erdbeeren beiseitelegen und in kleine Würfel schneiden.
- Die restlichen Erdbeeren pürieren.
- Zucker in eine Schüssel geben und unter Rühren in Mineralwasser und Zitronensaft auflösen.
- Die Sahne steif schlagen und mit dem Erdbeerpüree und den Erdbeerwürfeln unter das Zuckerwasser heben.
- In Wassereisförmchen oder in 6 kleine Joghurtbecher füllen und über Nacht oder bis Admiral Boom seine Kanone abfeuert in den Gefrierschrank stellen.

PHANTASTISCHE TIERWESEN

Abschrecker für Reiniger

Die berüchtigten Reiniger haben sich darauf spezialisiert, Zauberer und Hexen zu jagen. Aber glücklicherweise hat ein gewisser Dunbarion Bluemountain diese Abschrecker entwickelt, die Hexen und Zauberer für jeden Reiniger in der Nähe unauffindbar machen.

ZUTATEN
FÜR 20 ABSCHRECKER

1 kg Tomaten, sehr reif
2 EL Balsamicoessig
8 Blätter Gelatine
200 g Knallzucker

VORBEREITUNG: 15 MINUTEN KÜHLZEIT: 2 STUNDEN

- Die Tomaten mit reichlich Wasser abspülen, ohne dabei das Labor zu fluten.
- Tomaten 2 Minuten in einen Topf mit kochendem Wasser tauchen (oder einen Geysirzauber verwenden) und in einer Küchenmaschine pürieren.
- Vorsichtig die Flüssigkeit abgießen, es durfen keine Blätter oder Stielreste darin enthalten sein.
- Die Flüssigkeit in einen Kessel füllen, Balsamicoessig dazugeben und vorsichtig erhitzen, dabei die Gelatine Blatt für Blatt dazugeben. Sobald sich die Gelatine vollständig aufgelöst hat, Mischung auf ein mit Backpapier ausgelegtes Blech gießen und 2 Stunden im Kühlschrank abkühlen lassen.
- Knallzucker in eine Schüssel geben.
- Tomatengelatine auf eine mit Backpapier belegte Arbeitsfläche stürzen. Quadrate mit einer Kantenlänge von 4 Zentimetern ausschneiden und im Knallzucker wenden.
- Die Abschrecker trocken lagern und sofort einen in den Mund stecken, wenn Ihr einen sich nähernden Reiniger wittert.

HARRY POTTER

SIRUPTARTE

Lasst Euch nicht beirren, wenn Ihr beim Trimagischen Turnier einem widerspenstigen Drachen gegenübertreten müsst oder Eure besten Freunde sich streiten. Macht es wie Harry: Genießt ein Stück Siruptarte und vergesst Eure Sorgen, bis Ihr auch den letzten Krümel verspeist habt.

ZUTATEN
FÜR 8 PERSONEN

FÜR DEN TEIG

200 g Mehl und etwas zusätzlich für die Arbeitsfläche
100 g Butter
1 Ei
1 Prise Salz

FÜR DIE FÜLLUNG

450 ml Zuckerrübensirup
60 g Butter
Saft von 1 Zitrone
150 g Paniermehl (oder Cornflakes)

VORBEREITUNG: 20 MINUTEN ZUBEREITUNG: 1 STUNDE
RUHEN LASSEN: 30 MINUTEN

- Mehl in eine Schüssel mit 40 Gramm klein geschnittener Butter sieben und mit den Fingerspitzen einarbeiten. Wenn eine krümelige Mischung entstanden ist, Ei, Salz und 3 oder 4 Esslöffel Wasser, das ihr in einer sternenklaren Nacht aus dem See geholt habt, hinzugeben. Alles gut vermengen, den Teig zu einer Kugel formen, mit Frischhaltefolie abdecken und 30 Minuten in den Kühlschrank stellen.
- Den Ofen auf 180 °C vorheizen.
- Teig auf einer bemehlten Arbeitsfläche 2 Millimeter dick ausrollen und eine runde, mit Butter ausgestrichene Tarteform damit auslegen. Den Boden mehrfach mit einer Gabel einstechen oder einfach einen Igel-Roll-Zauber verwenden. Backpapier darauflegen, mit Keramik-Backbohnen oder getrockneten Bohnen füllen und 20 Minuten blindbacken.
- Bohnen und Backpapier entfernen.
- Ofen auf 160 °C herunterschalten.
- In einem kleinen Kessel oder in einer Pfanne über schwacher Hitze den Sirup erwärmen und die klein geschnittene Butter und den Zitronensaft hineingeben. Die Pfanne vom Herd nehmen, das Paniermehl oder die Cornflakes unterheben und alles in die Tarteform geben.
- Für weitere 20 Minuten in den Ofen schieben, dann auf 140 °C herunterschalten und noch einmal 15–20 Minuten backen, bis die Tarte goldbraun und die Füllung weich ist.

GÄNSEHAUT

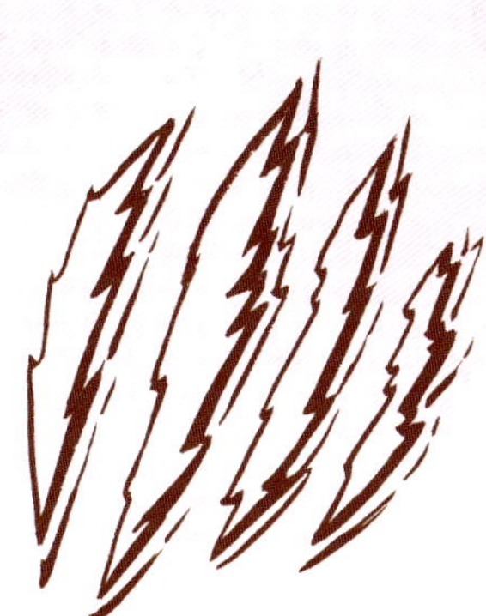
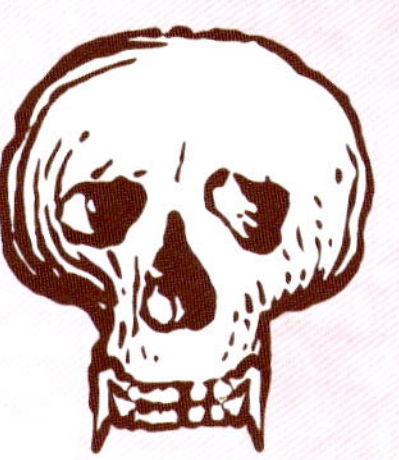

Werwolfkekse

Ein Werwolf sagt niemals Nein zu einer guten, knusprigen Mahlzeit. Perfekt wäre natürlich ein „echtes Werwolfessen", beispielsweise ein frischer, saftiger Mensch. Wenn aber gerade keiner zur Verfügung steht, wird er sich auch nach diesen „Hundekeksen" mit ein wenig Sirup die Lefzen lecken.

ZUTATEN
FÜR 4 PERSONEN

200 g Shortbread-Kekse
30 g Butter
200 ml gesüßte Schlagsahne
200 g Zartbitterschokolade
1 Glas Schwarzkirschen in Saft (z. B. Schattenmorellen)

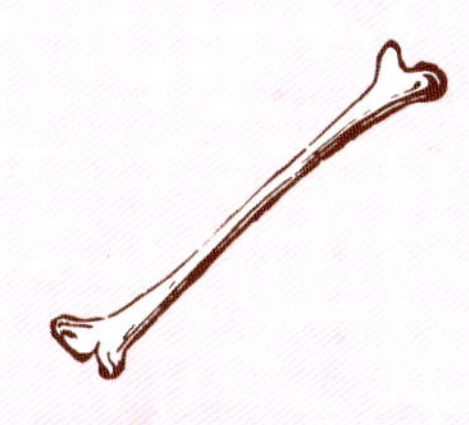

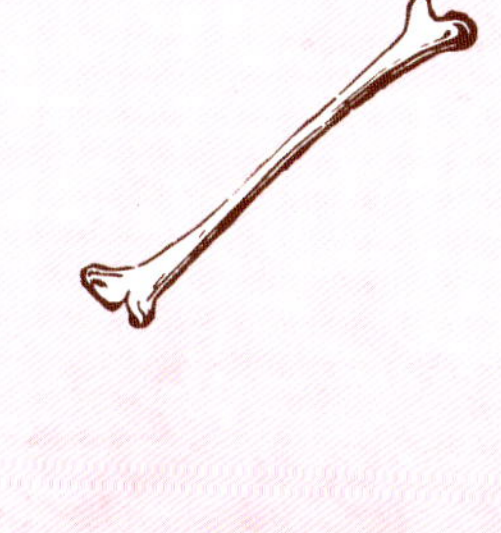

VORBEREITUNG: 10 MINUTEN ZUBEREITUNG: 15 MINUTEN
RUHEN LASSEN: 15 MINUTEN

- Zerstoßt die Shortbread-Kekse in einer Schüssel zu sehr feinen Krümeln. Dann die Butter schmelzen und zu den Krümeln geben. 4 Tortenringe mit einem Durchmesser von 8 Zentimetern auf Teller legen und die Krümelmischung einfüllen und festdrücken. 15 Minuten in den Kühlschrank stellen.
- Sahne schlagen und in eine Schüssel geben. Schokolade in einer anderen Schüssel vorsichtig schmelzen (siehe Seite 121) und abkühlen lassen, bis sie handwarm ist. Unter die Schlagsahne heben, wenn nötig nachsüßen. Zu den Keksen in den Kühlschrank stellen.
- Kirschen abgießen, den Saft in einen kleinen Topf geben und die Kirschen beiseitestellen. Saft 15 Minuten sprudelnd einkochen, sodass er eindickt und ein Sirup entsteht.
- Die Kekse aus dem Kühlschrank nehmen, Tortenringe entfernen und die Kirschen in einem Kreis darauflegen (ein paar für die Dekoration beiseitestellen).
- Einen Spritzbeutel (oder einen Gefrierbeutel mit einer abgeschnittenen Ecke) mit der Schokoladencreme füllen und die Creme auf die Kirschen spritzen. Mit den übrigen Kirschen dekorieren, die Früchte dabei etwas andrücken, damit sie nicht herunterfallen. Einen großen Löffel Sirup auf jeden der Kekse träufeln und sofort servieren.

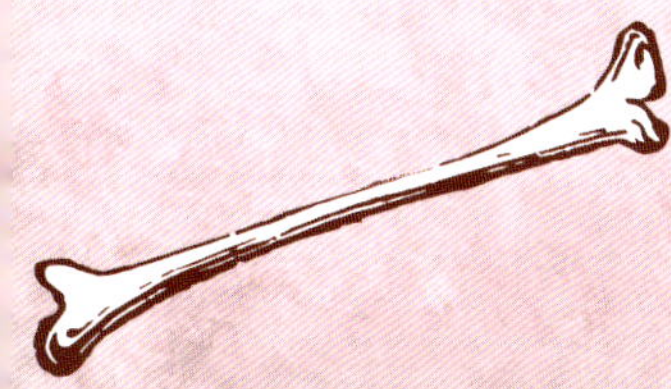
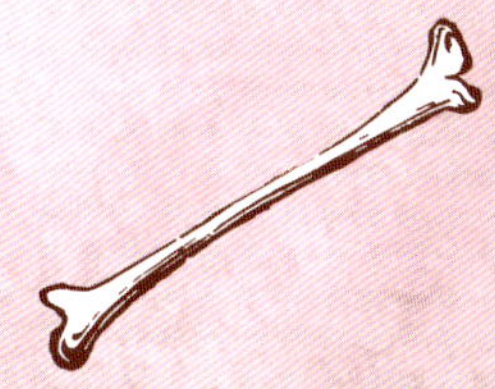

DIE BARTIMÄUS-TRILOGIE

Nathanaels Kindheits-erinnerungen

Bevor er als John Mandrake, der jüngste Minister aller Zeiten, bekannt wurde, war Nathanael ein kleiner Junge und wie alle Kinder seines Alters ganz wild auf Süßigkeiten. Der einzige Unterschied bestand darin, dass er auch ein außergewöhnlich mächtiger Magier war. Was könnte also besser geeignet sein, ihn wie von Zauberhand in seine Kindheit zurückzuversetzen, als diese köstlichen Lollis?

ZUTATEN
FÜR 10 LOLLIS

250 g Kürbis, geschält (tiefgefroren, wenn Kürbis gerade keine Saison hat)
250 g Mehl und etwas zusätzlich für die Arbeitsfläche
1 Prise Salz
1 EL Haselnüsse, gemahlen
100 g Butter, gewürfelt
2 EL Ahornsirup
1 Eigelb zum Glasieren

VORBEREITUNG: 20 MINUTEN ZUBEREITUNG: 45 MINUTEN
RUHEN LASSEN: 15 MINUTEN

- Kürbis 25 Minuten dämpfen, bis er sich mit der Spitze eines Messers leicht einstechen lässt, dann in ein Sieb geben und abtropfen lassen.
- Mehl und Salz in eine Schüssel sieben, Haselnüsse, 120 Milliliter lauwarmes Wasser und die gewürfelte Butter dazugeben und gut vermengen. So lange kneten, bis ein glatter, nicht klebriger Teig entstanden ist. Sollte er zu trocken oder zu klebrig sein, etwas Mehl oder Wasser dazugeben. Den Teig in Frischhaltefolie wickeln und 15 Minuten im Kühlschrank ruhen lassen.
- In der Zwischenzeit den Ofen auf 180 °C vorheizen und den Kürbis zu einem glatten Püree zerstampfen. Ahornsirup dazugießen.
- Den Teig auf einer bemehlten Arbeitsfläche dünn ausrollen (etwa 2 Millimeter) und mit einem Plätzchenausstecher ganz nach Belieben Formen ausstechen. Auf die Hälfte der Plätzchen einen Löffel Kürbispüree geben und einen Lutscherstiel hineindrücken, dann mit einem zweiten Plätzchen belegen und die Ränder gut versiegeln, indem Ihr sie mit einer Gabel eindrückt.
- Die Lollis auf ein Backblech legen, mit etwas Eigelb bestreichen und 25 Minuten backen, bis sie goldbraun, aber nicht zu dunkel sind.

DIE BARTIMÄUS-TRILOGIE

Dschinn-Desserts

(siehe Foto auf Seite 118)

Wie konnte es nur dazu kommen, dass Bartimäus Kekse für einen schlecht gelaunten Zauberer backen muss? Er wurde vom großen König Salomo – möge sein Bart üppig wachsen! – persönlich in dieses Bootcamp für aufsässige Dschinn geschickt. Der König war ein wenig streng mit Bartimäus, als er ihn als rebellischen und unmöglichen Dschinn beschrieb, obwohl er sich seinem vorherigen Meister eigentlich nicht direkt widersetzt hat. Ist es denn Bartimäus' Schuld, dass dieser Zauberer ihm zu befehlen vergessen hat, ihn nicht zu verspeisen?

ZUTATEN
FÜR 20 BÄLLCHEN

250 g Butter, weich, und 30 g zusätzlich für die Datteln
200 g Datteln, zerstampft
2 EL geröstete Sesamsamen
1 kg Mehl
1 TL Backpulver
1 Prise Salz
1 Ei
250 ml Milch und etwas zusätzlich für den Teig

VORBEREITUNG: 15 MINUTEN ZUBEREITUNG: 15 MINUTEN

- Den Ofen auf 150 °C vorheizen.
- Während Ihr zu vergessen versucht, dass Khaba der Grausame einen ziemlichen dummen Eindruck macht, schmelzt die Butter in einer heißen Pfanne und gebt die Datteln und Sesamsamen hinein. Bei schwacher Hitze 5 Minuten erwärmen und beiseitestellen.
- Mehl und Backpulver in eine Schüssel sieben, Salz und die weiche Butter hinzufügen und alles verkneten. Erst das Ei, dann die Milch dazugeben und weiterkneten, bis ein glatter, formbarer Teig entstanden ist.
- Teig in 20 gleich große Stücke teilen und jedes Stück zu einem kleinen Ball formen. Ein Teigbällchen in die Handfläche legen und mit einem Löffel ein Loch in die Mitte drücken. Mit ein bisschen Dattelmischung füllen und das Loch verschließen. So fortfahren, bis alle Teigbällchen gefüllt sind.
- Bällchen auf ein mit Backpapier belegtes Backblech legen und mit etwas Milch bestreichen. 15 Minuten backen. Die Gelegenheit nutzen und hinausschleichen, um mit den anderen Dschinn ein bisschen frische Luft zu genießen. Dann kann das große Fressen beginnen.

HARRY POTTER

Schokofrösche

An Bord des Hogwarts Express wird Harry von Ron in die Welt der magischen Süßigkeiten eingeführt. Als er eine Schachtel mit Schokofröschen öffnet, findet Harry eine Zauberersammelkarte, die Albus Dumbledore zeigt, den berühmten Schulleiter von Hogwarts. Diese Frösche sind eine Leckerei aus der Welt der Zauberer, die man sich nicht entgehen lassen darf. Allerdings muss man aufpassen, dass sie einem nicht davonspringen.

ZUTATEN
FÜR 6 PERSONEN

50 g Milchschokolade
50 g Zartbitterschokolade
80 g Marshmallows
Froschförmchen

VORBEREITUNG: 20 MINUTEN RUHEN LASSEN: 3 STUNDEN

- Schokolade mithilfe eines Bruchzaubers in große Stücke brechen und in eine hitzebeständige Schüssel legen, dann im Wasserbad schmelzen. Dafür einen großen Topf zum Teil mit Wasser füllen und die hitzefeste Schüssel hineinstellen. Sie sollte kleiner sein als der Topf, aber breit genug, damit der Boden der Schüssel im Wasser hängt und den Topfboden nicht berührt.
- Den Topf bei schwacher Hitze auf dem Herd lassen, bis die Schokolade schmilzt. (Dabei darauf achten, dass auch wirklich genug Wasser im Topf ist, um die Schüssel zu erwärmen.) Die Schokolade vorsichtig auf die Froschförmchen verteilen, sodass sie ganz mit Schokolade überzogen sind. Die Förmchen über Backpapier umdrehen und die überschüssige Schokolade hinauslaufen lassen. Dann die Förmchen 30 Minuten im Kühlschrank abkühlen lassen.
- Marshmallows mit ein bisschen Wasser in einer Kasserolle bei schwacher Hitze schmelzen, bis eine glatte, cremige Masse entstanden ist.
- Froschförmchen aus dem Kühlschrank nehmen, die geschmolzenen Marshmallows einfüllen und mit einem Löffel glatt streichen und die Förmchen für mindestens 2 Stunden erneut in den Kühlschrank stellen (je länger die Frösche kühlen dürfen, desto besser werden sie).
- Die übrige Schokolade ein weiteres Mal im Wasserbad schmelzen und vorsichtig die Marshmallowfüllung damit bedecken. Mit einem Messer glatt streichen und wieder 30 Minuten in den Kühlschrank stellen.
- Frösche vorsichtig aus den Formen lösen und mithilfe des Zappelzaubers zum Leben erwecken.

DER HERR DER RINGE

Wegzehrung der Elben (Lembas)

Diese in Blätter gewickelten, stärkenden und nährenden Kekse ermöglichen es den Elben und ihren Freunden, in der Einöde zu überleben. Das Lembas war es, das Frodo und Sam die Kraft gab, Mordor zu durchqueren, den Ring in den Schicksalsberg zu werfen und so Sauron zu besiegen.

ZUTATEN
FÜR 20 KEKSE

- 500 g Mehl und etwas zusätzlich für die Arbeitsfläche
- 250 g hellbrauner Zucker
- 250 ml Wasser von den Blättern Laurelins
- 1 Prise Salz
- 120 g Nüsse, geschält (Mandeln, Walnüsse, Haselnüsse …)
- 120 g Trockenfrüchte (Rosinen, Feigen, Äpfel …)

VORBEREITUNG: 20 MINUTEN ZUBEREITUNG: 20 MINUTEN

- Den Ofen auf 180 °C vorheizen.
- Mehl in eine Töpferschale sieben, die während zweier Tagundnachtgleichen gebrannt wurde. Dann Zucker, Wasser und Salz dazugeben. Gründlich mischen, bis ein glatter, gleichmäßiger Teig entstanden ist.
- Nüsse zerkleinern und Trockenfrüchte in Würfel mit etwa 1 Zentimeter Kantenlänge schneiden.
- Den Teig mit einem Wellholz auf einer bemehlten Arbeitsfläche 1 Zentimeter dick ausrollen und ein paarmal mit einer Gabel einstechen, damit sich beim Backen keine Blasen bilden.
- Den Teig in Quadrate schneiden, etwa halb so breit wie die Handfläche eines Hobbits (etwa 5 Zentimeter).
- Die Kekse auf Backpapier legen und mit Nüssen und Trockenfrüchten bestreuen. 10 Minuten backen. Die Oberfläche der Kekse mit etwas Wasser oder Tau von den Blättern Laurelins bestreichen, damit sich eine schöne Kruste bildet. Weitere 10 Minuten backen.
- Die Wegzehrung abkühlen lassen, bevor Ihr sie für die Reise einpackt.

ALADIN

Jafars Ringe

Blast die Trompeten und lasst die Trommeln ertönen! Macht Platz für den großen Jafar! Verbeugt euch vor ihm, oder ihr werdet in Ketten gelegt! Apropos: Jafar ist ganz versessen auf diese kleinen Küchlein, vielleicht, weil sie ihn an die Ringe der Eisenketten um die Handgelenke seiner Gefangenen erinnern?

ZUTATEN
FÜR 20 RINGE

325 g Mehl
1 Päckchen Backpulver
250 g Honig, flüssig
2 Eiweiß
60 g Butter
30 g Haselnüsse, gehackt

VORBEREITUNG: 15 MINUTEN ZUBEREITUNG: 20 MINUTEN

- Schickt Euren vertrauenswürdigsten Diener, um den Ofen auf 210 °C vorzuheizen.
- In einer Schüssel, die vorher gründlich von allen Giftresten befreit wurde (man kann gar nicht vorsichtig genug sein!), gesiebtes Mehl und Backpulver mit dem Honig mischen.
- In einer anderen Schüssel mit einem Schneebesen rigoros das Eiweiß steif schlagen (darauf achten, dass die Schüssel sauber, trocken und fettfrei ist). Wenn sich feste Spitzen bilden, die Butter hineingeben, die Ihr zuvor in der Mittagssonne geschmolzen habt. Vorsichtig unterheben.
- Das Eiweiß auf die Honig-Mehl-Mischung geben und verkneten, bis ein glatter Teig entstanden ist. (Wenn er noch klebt, dann gebt ein bisschen Mehl dazu. Wenn er zu fest ist, gebt ihm ein bisschen Wasser.)
- Ein walnussgroßes Stück Teig abstechen, mit der Hand flach drücken und mit dem Griff eines Holzlöffels in der Mitte ein Loch formen. Den Löffelstiel drehen, um das Loch zu vergrößern. So mit dem ganzen Teig verfahren.
- Die Kekse auf ein mit Backpapier ausgelegtes Backblech legen und mit Haselnüssen bestreuen. 15–20 Minuten goldbraun backen.
- Sobald sie abgekühlt sind, auf eine Schnur fädeln, die man sich über die Schulter hängen kann. So kommt man jederzeit an die Kekse heran, wenn sich Hunger einstellt, ohne dafür vom Pferd oder vom fliegenden Teppich steigen zu müssen.

ALADIN

Freuden aus der Lampe

Stimmt schon, wenn man 1001 Nacht in einer Lampe verbringt, hat man Zeit, an seinen Rezepten zu feilen. Wenn Ihr diese kleinen Köstlichkeiten aus dem Orient kostet, werdet Ihr schon bald ihr Loblied singen!

ZUTATEN
FÜR 20 FREUDEN

FÜR DEN TEIG

200 g Butter, weich
500 g Mehl und etwas zusätzlich für die Arbeitsfläche
3 EL feiner Zucker
1 TL Zimt, gemahlen
2 EL Puderzucker

FÜR DIE FÜLLUNG

500 g Mandeln, gehobelt
200 g feiner Zucker
1 TL Zimt, gemahlen
1 EL Orangenblütenwasser
50 g kandierte Rosenblütenblätter

VORBEREITUNG: 20 MINUTEN ZUBEREITUNG: 15 MINUTEN
RUHEN LASSEN: 15 MINUTEN

- Karawanenreiter durchqueren mit ihren Kamelen die Breiten der Wüste für diese kleinen Gebäckstücke! Euch, mein Freund, werde ich ihr Geheimnis verraten.
- Mit den Fingerspitzen die Butter in das Mehl arbeiten, bis die Mischung dem Sand der Dünen gleicht, dann den feinen Zucker hineinmischen. Zimt und Puderzucker dazugeben und den Teig ruhen lassen, während man im Garten des Sultans an den Rosen riecht.
- Die Mandeln in eine Pfanne geben und bei schwacher Hitze rösten. Dabei aber nicht die Gedanken schweifen lassen, sonst verbrennen die Mandeln! Wenn sie dann die Farbe des Oasensandes im Licht der ersten Sonnenstrahlen angenommen haben ... Wie bitte? Ihr habt noch nie eine Oase bei Sonnenaufgang gesehen? Erinnert mich daran, dass ich Euch das unbedingt zeigen muss. Also, wenn die Mandeln goldbraun sind, dann zermahlt sie und mischt sie mit Zucker, Zimt, dem Orangenblütenwasser und den Rosenblütenblättern. Die Mischung zu kleinen Bällchen formen.
- Den Ofen auf 180 °C vorheizen.
- Mit einem Teigroller oder einem eingerollten Teppich den Teig auf einer bemehlten Arbeitsfläche 4 mm dick ausrollen und mit einem Glas oder einem Plätzchenausstecher eine gerade Anzahl an runden Plätzchen ausstechen. Einen Ball mit Füllung auf die Hälfte der Plätzchen setzen und mit einem zweiten Plätzchen abdecken. Die Teigränder gut versiegeln, damit die schelmische Füllung nicht entkommt. Die Kekse 15 Minuten backen.
- Seid vorsichtig, mein Freund, achtet darauf, dass sie hellbraun bleiben. Sonst werden sie so hart wie die Kiesel am Rand einer Oase bei Sonnenaufgang. Könnt Ihr immer noch nichts mit anfangen? Also gut, gleich morgen nehmen wir einen Teppich und fliegen hin!

GUNDEL GAUKELEY

Gundel Gaukeleys Glückstaler

Wenn es Gundel Gaukeley mal wieder nicht gelungen ist, Dagoberts ersten Taler zu stehlen, tröstet sie sich damit, an diesen Keksen zu knabbern.

ZUTATEN
FÜR 4 PERSONEN

250 g Kastanienmehl
130 g Puderzucker
130 g Butter, weich
1 Prise Salz
60 g gemahlene Mandeln
1 Vanilleschote
1 Eigelb zum Glasieren

VORBEREITUNG: 10 MINUTEN ZUBEREITUNG: 20 MINUTEN
RUHEN LASSEN: 15 MINUTEN

- Eine sehr feine Schicht des Mehls in eine antihaftbeschichtete Pfanne geben und ein paar Minuten bei starker Hitze rösten (je nach Dicke 2–5 Minuten). So mit dem gesamten Mehl verfahren.
- Das Mehl abkühlen lassen, dann in eine Schüssel sieben und mit Puderzucker, weicher Butter, Salz und gemahlenen Mandeln mischen.
- Die Vanilleschote der Länge nach halbieren, das Mark mit der Rückseite eines Messers herauskratzen und zu der Mehlmischung geben.
- Den Teig zwischen zwei Lagen Backpapier ausrollen, bis er so dünn ist wie ein echter Taler (etwa 3 Millimeter), dann den Teig zwischen den Papierlagen 15 Minuten in den Kühlschrank legen, damit er fest werden kann.
- Den Ofen auf 160 °C vorheizen. Mit einem Glas oder einem runden Keksausstecher Kreise aus dem Teig ausstechen und auf ein mit Backpapier belegtes Backblech legen. Mit verschlagenem Ei bestreichen und 12–15 Minuten goldbraun backen.

MELUSINE

Melusines Gebäck

Wenn die Hexe Melusine sich infolge eines Fluches mal wieder wie jeden Samstag in ein Mischwesen aus Frau und Schlange verwandelt und daher vor ihrem Mann verstecken muss, wird ihr auf ihrem französischen Anwesen schnell ein bisschen langweilig. Wie könnte sie sich besser die Zeit vertreiben als mit diesem köstlichen Gebäck, das ihren Tagen einen Hauch Magie verleiht?

ZUTATEN
FÜR 6 PERSONEN

- 200 g entkernte Trockenpflaumen
- 1 Ei und 1 Eigelb zum Glasieren
- 100 g und 1 EL feiner Zucker
- 125 g Butter, weich
- 250 g Mehl und etwas zusätzlich für die Arbeitsfläche
- 1 TL Backpulver
- 1 Prise Salz

VORBEREITUNG: 15 MINUTEN **ZUBEREITUNG:** 45 MINUTEN
KÜHLZEIT: 30 MINUTEN

- Die Trockenpflaumen 30 Minuten in einer Schüssel mit lauwarmem Wasser einweichen. Das Ei in einer Schüssel mit dem Zucker verschlagen, bis die Mischung hell wird, dann die Butter dazugeben und gründlich unterheben. Mehl, Backpulver und Salz hineinsieben und noch einmal gründlich rühren. Den Teig zu einer Kugel formen, in Frischhaltefolie einwickeln und 30 Minuten in den Kühlschrank legen.
- In der Zwischenzeit die Pflaumen aus dem Wasser nehmen und mit 1 Esslöffel Zucker in eine Kasserolle geben. Bei schwacher Hitze 15 Minuten erwärmen und grob mit einer Gabel zerdrücken.
- Den Ofen auf 190 °C vorheizen. Die Teigkugel aus dem Kühlschrank nehmen und in zwei gleich große Stücke teilen. Beide Stücke auf einer bemehlten Arbeitsfläche zu Kreisen mit einem Durchmesser von 20 Zentimetern ausrollen.
- Ein Backblech mit Backpapier auslegen und den ersten Teigkreis drauflegen. Die gekochten Pflaumen darauf verteilen, aber 1,5 Zentimeter um den Rand frei lassen.
- Den Rand mit etwas Wasser bestreichen, dann den zweiten Teigkreis darauflegen. Die Ränder leicht zusammendrücken, damit die Pflaumenmischung nicht ausläuft (wenn nötig, eine Gabel verwenden). Den Teigdeckel mit verschlagenem Eigelb bestreichen und 30 Minuten backen. Vollständig abkühlen lassen und unter der Mitternachtssonne genießen.

HALLOWEEN

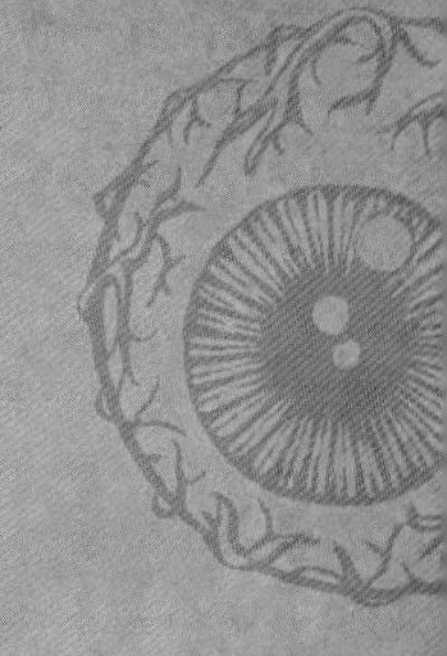

Kürbishappen

Kürbishappen gehören zu den Lieblingssüßigkeiten von Hexen und Zauberern. Seit jeher ist die ganze Familie zu Hause von ihnen begeistert, Generationen von Schülern in Zauberschulen lieben sie. Man sagt sogar, gewisse Lehrer mögen sie so gerne, dass sie ihre Passwörter danach wählen! Traditionell macht man sie zu Halloween. Probiert einmal verschiedene Kürbissorten aus: eine echte Delikatesse!

ZUTATEN
FÜR 500 GRAMM

250 g Kürbis (probiert unterschiedliche Sorten aus)
325 g Gelierzucker
1 Spritzer Zitronensaft
etwas feiner Zucker zum Dekorieren

VORBEREITUNG: **5 MINUTEN** ZUBEREITUNG: **10 MINUTEN**
RUHEN LASSEN: **2 STUNDEN**

- Zieht Eure Schutzhandschuhe über und schält den Kürbis mithilfe eines Schnellschälzaubers. Schneidet das Kürbisfleisch in Stücke und hackt es dann in der Küchenmaschine klein.
- Legt einen kleinen Teller in die Tiefkühltruhe oder führt einen Abkühlungszauber dritter Klasse aus.
- Gebt Kürbis, Zucker und Zitronensaft in einen mittelgroßen Kessel und kocht die Mischung unter magischem Singsang und ständigem Rühren auf, bis sich der Zucker vollständig aufgelöst hat (das ist sehr wichtig, damit das Rezept gelingt).
- Nachdem Ihr die Kürbismischung 10 Minuten abkühlen lassen habt, nehmt den Teller aus dem Tiefkühlfach, gebt ein bisschen von der Mischung darauf, zählt bis zehn und dreht den Teller dann in die Senkrechte. Wenn die Mischung bleibt, wo sie ist, und nicht heruntertropft, ist sie fertig. Wenn sie den Teller hinabläuft, noch eine Weile weiterköcheln und den Test dann wiederholen.
- Legt ein Backblech mit Backpapier aus, es muss an den Rändern überstehen, dann gießt die Kürbismischung darauf und lasst sie mindestens 2 Stunden abkühlen.
- Nachdem die Mischung vollständig erkaltet ist, schneidet eure Kürbishappen mit hilfe eines Plätzchenausstechers in Kürbisform aus (oder mit einer selbst gemachten Pappschablone) und wendet die Happen dann in feinem Zucker, damit sie nicht an Euren Fingern kleben bleiben.

ODYSSEUS 31

Circes Zauber

In der TV-Serie Odysseus 31 möchte die Zauberin Circe alles Wissen des Universums unter einem Dach zusammentragen. Sie lockt die Mannschaften vorbeireisender Schiffe auf ihren Planeten und belegt sie während eines Festmahls mit einem Bann, damit sie bei ihr bleiben und ihr dabei helfen, ihre intergalaktische Bibliothek zu errichten.

ZUTATEN
FÜR 4 PERSONEN

VORBEREITUNG: 15 MINUTEN ZUBEREITUNG: 20 MINUTEN
RUHEN LASSEN: 1 STUNDE RUHEN LASSEN: 30 MINUTEN

75 g Mehl
1 TL Backpulver
2 Eier
1 Prise Salz
75 g feiner Zucker
250 g Quark
75 g Crème fraîche (30 % Fett)
100 g Honig, flüssig
1 Blatt Gelatine

Sternenzeit 2063.05.04. – Logbuch der Odysseus

Wir wurden mit Unterlichtgeschwindigkeit von einer unbekannten Singularität angezogen, die sich als der Bibliotheksplanet von Circe entpuppte. Meine Schiffskameraden Telemachus und Yumi sind unter dem Schutz unseres Droiden Nono auf einen Erkundungszug gegangen und wurden von einem Dessert in Versuchung geführt, dann nahm man sie gefangen. Ich gebe das Rezept in die Datenbank von Shirka, unserem Schiffscomputer, ein.

- Den Ofen auf 180 °C vorheizen.
- Mehl und Backpulver sieben. Eier aufbrechen und trennen. Eiweiße in einer sauberen, trockenen Schüssel mit dem Salz steif schlagen, bis sich feste Spitzen bilden. Zucker dazugeben und erneut schlagen. Beide Eigelbe gleichzeitig hineingeben. Sehr vorsichtig unterheben und dabei so viel Luft wie möglich einarbeiten. Mehl und Backpulver unterheben.
- In eine 20 Zentimeter lange Kastenform gießen und 20 Minuten backen. Vollständig abkühlen lassen und erst dann aus der Form lösen.
- Quark und Crème fraîche zu einer cremigen Masse verrühren. In den Kühlschrank stellen. Honig und Gelatine in einer Kasserolle bei sehr schwacher Hitze schmelzen.
- Den Biskuitboden auf einen Teller legen und einen viereckigen Tortenring darumlegen. Die Creme daraufgießen und schließlich mit der Honigmischung beträufeln.
- 30 Minuten kühlen.

VERLIEBT IN EINE HEXE

Geleering für den Hexenrat

Dies ist eine fruchtig-frische Version eines für die 1960er-Jahre typischen Desserts, perfekt, um damit bei der nächsten Tupperparty vor all Euren Haushexenfreundinnen anzugeben.

ZUTATEN
FÜR 6 PERSONEN

500 ml Granatapfelsaft
8 Blätter Gelatine
500 ml Sodawasser
500 g Beeren, je nachdem, welche zur Zeit des Hexenrates gerade Saison haben

VORBEREITUNG: 15 MINUTEN ZUBEREITUNG: 20 MINUTEN
KÜHLZEIT: 3 STUNDEN

- Den Granatapfelsaft bei zunehmendem Mond in einer Kasserolle erwärmen.
- Wenn die ersten Blasen auftauchen, die Hitze herunterschalten und die Gelatineblätter dazugeben. Rühren, bis sie sich vollständig aufgelöst haben. Die Flüssigkeit 15 Minuten in der Zeit der Sterblichen abkühlen lassen, dann das Sodawasser dazugeben und erneut rühren.
- Die Beeren abspülen und wenn nötig von den Stielen befreien.
- Die Flüssigkeit in eine Ringform mit einem Durchmesser von 26 Zentimeter gießen, die Beeren darin verteilen und 3 Stunden oder besser einen ganzen Tag in den Kühlschrank stellen. Gekühlt servieren.

DER WALD VON BROCÉLIANDE

Alakazam-Kekse

Im Film Die Hexe und der Zauberer *lebt Merlin mit seinem Kauz Archimedes in einer Hütte mitten im Wald. Da er den Zeitpunkt, zu dem Floh – der Spitzname des zukünftigen König Artus – bei ihm eintreffen wird, genau vorhersehen kann, bereitet er einen Nachmittagstee für seinen jungen Schützling zu.*

ZUTATEN
FÜR 4 PERSONEN

- 50 g Sesamsamen
- 200 g Buchweizenmehl
- 80 g feiner Zucker
- 1 Prise Salz
- 1 TL gemahlener Zimt
- 2 Eier
- 70 g Butter, weich

VORBEREITUNG: 5 MINUTEN ZUBEREITUNG: 15 MINUTEN
RUHEN LASSEN: 30 MINUTEN

- Hört her!
- Ich gebe Euch das Rezept für die Alakazam-Kekse, die unser edler Lehensherr König Artus so sehr schätzt! Erdacht vom großen Merlin persönlich, als Genuss für Jung und Alt!
- Einen Esslöffel Sesam beiseitelegen und die restlichen Sesamsamen bei starker Hitze ein paar Minuten in einer Pfanne rösten.
- Mehl, Zucker, Salz, Zimt und Sesamsamen mischen, dann die Eier und die weiche Butter unterheben. Den Teig zwischen zwei Lagen Backpapier 2–3 Millimeter dick ausrollen.
- Mindestens 30 Minuten in den Kühlschrank stellen, damit der Teig fest werden kann.
- Den Ofen auf 180 °C vorheizen.
- Rechteckige Kekse mit den Maßen 7 x 5 Zentimeter ausschneiden. Die beiseitegelegten Sesamsamen darüberstreuen und für 10–15 Minuten in den Ofen schieben.

EIN SOMMERNACHTSTRAUM

TITANIAS WONNE

Die Elfenkönigin Titania amüsiert sich gerne mit König Oberon. Sie geben Festessen, bei denen sich die Wesen des Waldes an köstlichen Fruchtdesserts laben können.

ZUTATEN
FÜR 4 PERSONEN

100 g gelbe Pfirsiche (oder Aprikosen, Melonen)
100 g Kirschen (oder Erdbeeren, Himbeeren)
100 g gelbe Pflaumen (oder Kiwis)
4 Meringuen (aus der Bäckerei)
250 ml Schlagsahne (oder Joghurt für eine leichtere Version)
100 g Schwarze Johannisbeeren (oder reife Blaubeeren, Brombeeren)
100 g Stachelbeeren (oder weiße Pfirsiche)
60 g geröstete und grob zerkleinerte Haselnüsse

VORBEREITUNG: 15 MINUTEN

- Zuerst die Früchte waschen und von den Stielen befreien.
- Die Pfirsiche 1 Minute in kochendes Wasser tauchen, dann die Haut abziehen und die Kerne entfernen. Als Nächstes die Kirschen und Pflaumen entsteinen.
- Die Kirschen halbieren und die Pfirsiche und Pflaumen würfeln.
- Die Meringue in kleine Stücke brechen und die Sahne schlagen.
- Das Dessert wie folgt zusammenstellen: zuerst eine Schicht blaue Früchte (Schwarze Johannisbeeren, Blaubeeren oder Brombeeren), dann eine Schicht Meringue und eine Schicht Schlagsahne.
- So fortfahren, immer abwechselnd eine Schicht Früchte, Meringue und Schlagsahne in die Schalen geben. Die Früchte dabei in folgender Reihenfolge anordnen: blau, rot, orange, gelb und zum Schluss grün.
- Die oberste Schicht Schlagsahne mit den Haselnüssen bestreuen.

DIE CHRONIKEN VON NARNIA

Lokum der Weissen Hexe

Als Edmund Pevensie das Reich Narnia zum ersten Mal durch den Zauberschrank betritt, begegnet er der Weißen Hexe. Um den Jungen für sich zu gewinnen, bietet sie ihm das beste Lokum an, das er jemals gekostet hat.

ZUTATEN
FÜR 20 WÜRFEL

75 g Speisestärke
300 g feiner Zucker
1 TL Zitronensaft
1 EL Rosenwasser
1 Glas Puderzucker
geschmacksneutrales Speiseöl

VORBEREITUNG: 15 MINUTEN ZUBEREITUNG: 55 MINUTEN
RUHEN LASSEN: 1 NACHT

- Während Lucy, Peter und Susan sich weiter zwischen den Mänteln im Zauberschrank verstecken, mischt 75 Gramm Speisestärke in einer Schüssel mit 150 Milliliter Wasser und stellt die Mischung beiseite.
- In einer Kasserolle Zucker, Zitronensaft und 120 Milliliter Wasser aufkochen. Wenn der Sirup 115 °C erreicht, die gesamte Speisestärkemischung auf einmal dazugeben und dabei unentwegt mit einem Holzlöffel rühren. Etwa 50 Minuten bei schwacher Hitze köcheln lassen. Die Masse ist fertig, wenn das Licht der Straßenlaterne den Wald nicht mehr erhellt und wenn die inzwischen durchsichtige Mischung sich von den Rändern der Kasserolle löst und eine Kugel um den Löffel bildet. Wenn sie das nicht tut, dann kocht sie noch ein paar Minuten länger.
- Rosenwasser dazugeben und weitere 5 Minuten kochen.
- Ein Backblech mit Backpapier belegen und eine dünne Schicht Speisestärke darüberstreuen, so fein wie sanfter Schnee. Die Masse vorsichtig auf das Blech geben und glatt streichen, dann bei Zimmertemperatur mindestens 12 Stunden und wenn möglich über Nacht auskühlen lassen.
- Ein Glas Puderzucker auf einen Teller schütten, ein Messer ölen und die Masse in Würfel mit einer Kantenlänge von 3 Zentimeter schneiden. Das Lokum in Puderzucker wälzen, den überschüssigen Zucker abklopfen und die Würfel in einem luftdichten Behälter aufbewahren.

DUNGEONS & DRAGONS

Schwertküstentarte

Diese traditionelle Tarte wird von Hexenmeistern, allen möglichen Schatzjägern und Paladinen zwischen den Quests genossen.

ZUTATEN
FÜR 4 PERSONEN

300 g Mürbeteig (aus der Bäckerei oder dem Supermarkt)
2 Birnen
125 ml Ahornsirup
750 g Cranberrys
30 g Mehl
180 g brauner Zucker (Demerara-Zucker oder dunkelbrauner Zucker)
Milch zum Glasieren

VORBEREITUNG: 15 MINUTEN **ZUBEREITUNG:** 45 MINUTEN

- 50 Gramm Mürbeteig abwiegen und für die Dekoration beiseitestellen. Den Ofen auf 180 °C vorheizen.
- Die Birnen schälen und das Kerngehäuse entfernen, dann würfeln und zusammen mit dem Ahornsirup und den Cranberrys in eine Kasserolle geben und bei starker Hitze auf den Herd stellen. Die Mischung so lange unter Rühren kochen, bis die Cranberrys aufplatzen.
- Diese sirupartige Mischung mit Mehl bestreuen und gründlich verrühren. Auf mittlere Hitze herunterschalten und unter gelegentlichem Rühren weiterkochen, bis sich das Ganze um ein Drittel reduziert hat. Die Mischung vom Herd nehmen und vollständig abkühlen lassen.
- In der Zwischenzeit den Teig ausrollen, eine mittelgroße Tarteform damit auslegen und den Teig mehrmals mit einer Gabel einstechen, damit sich keine Blasen bilden.
- Den Teig mit Alufolie abdecken, einige Keramik-Backbohnen oder getrocknete Bohnen hineingeben und 20 Minuten blindbacken.
- Den beiseitegestellten Teig ausrollen. Mithilfe eines Plätzchenausstechers oder einer von Hand gemalten Schablone aus dünner Pappe einen Drachen ausstechen. Den restlichen Teig zu vielen kleinen Röllchen formen, ausrollen und mit einem Messer Klauen daraus schneiden.
- Bohnen und Alufolie vom Teig nehmen. Den Tarteboden mit dem braunen Zucker bestreuen und die Cranberrymischung darauf verteilen. Vorsichtig den Teigdrachen darauflegen und die Klauen am Rand der Tarte arrangieren. Die Tarte mit Milch bestreichen und 25 Minuten backen. Warm oder kalt servieren.

Kapitel 4

Betörende Tränke

DER WALD VON BROCÉLIANDE

TRANK DER EWIGEN LIEBE

Viviane, die Herrin vom See, lebte im Wald von Brocéliande, wo sie Lancelot aufzog. In den Legenden von König Artus verliebt sich Merlin in sie und weiht sie in all seine Geheimnisse ein, darunter auch das Wissen darüber, wie man den Trank der ewigen Liebe zubereitet. Viviane braute den Trank und bot ihn Merlin an. Manche sagen, dass die beiden seither unsichtbar für Menschen zusammen im Wald leben.

ZUTATEN
FÜR 4 PERSONEN

50 g Lavendelblüten (aus dem Bioladen)
125 g Honig, flüssig
100 ml Zitronensaft

AUFGIESSEN: 20 MINUTEN RUHEN LASSEN: ÜBER NACHT

- Als die Welt schon alt, die Wälder aber noch jung waren, streifte Merlin durch den Wald von Brocéliande und bewunderte seine Schönheit. Hier geschah es auch, dass er Viviane erblickte und sich in sie verliebte. Weil sie sich Merlins Liebe für immer versichern wollte, braute Viviane diesen Trank, der Merlin an ihrer Seite halten würde.
- Sie begann, indem sie 1 Liter Wasser aus dem Kristallsee schöpfte und Honig aus dem Wald holte. Dann pflückte sie Lavendelblüten und ließ sie den Sommer über im Licht des Mondes trocknen. Schließlich erlangte sie aus einem fernen Land die Frucht eines Zitronenbaums.
- Viviane erhitzte das Wasser in einem Kessel, und sobald sich die ersten Blasen zeigten, nahm sie ihn vom Feuer, gab den Lavendel hinein und ließ ihn 20 Minuten ziehen.
- Sie goss das Wasser durch ein hauchfeines Mulltuch, fügte Honig und Zitronensaft hinzu und sang beim Rühren leise von ihrer Liebe zu dem Zauberer.
- In einem Kristallflakon verschlossen, ließ sie den Trank in den eisigen Wassern des Sees ruhen.
- Dann bot sie Merlin den Trank dar, und sobald seine Lippen ihn berührten, war er vollkommen gefangen von ihr. Er hatte keinen anderen Wunsch, als bei ihr zu bleiben, unter dem Blätterdach des Waldes, bis ans Ende der Zeit.

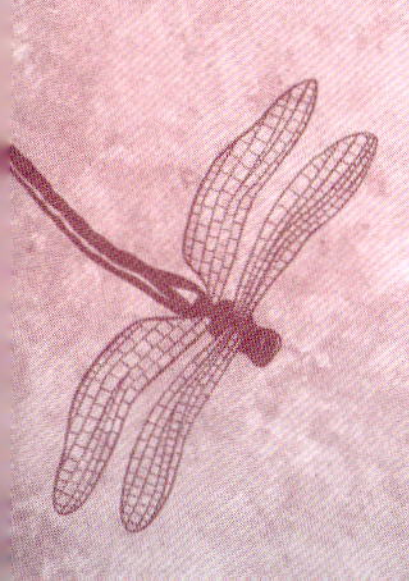

DER HERR DER RINGE

Ent-Trank

Die Ents sind riesige, baumartige Wesen, die sprechen, denken und sich bewegen können. Sie sind die uralten Wächter und Beschützer der Wälder Mittelerdes. Im Herr der Ringe *suchen Merry und Pippin Schutz im Fangorn-Wald, wo sie Baumbart begegnen, dem ältesten der Ents, welcher auf Gandalfs Bitte hin die beiden beschützt. Eine Weile lang leben Merry und Pippin von dem geheimnisvollen Ent-Trank, der jene, die ihn zu sich nehmen, wachsen lässt.*

ZUTATEN
FÜR 4 PERSONEN

1 kg Brombeeren
500 g Blaubeeren
100 g Holunderblüten und Blätter (aus dem Bioladen oder aus einem Kräuter- oder Teegeschäft)
100 g Malvenblätter (aus dem Bioladen oder aus einem Kräuter- oder Teegeschäft)
200 ml Ahornsirup

VORBEREITUNG: 15 MINUTEN ZUBEREITUNG: 10 MINUTEN
RUHEN LASSEN: 30 MINUTEN

- Beeren, Blüten und Blätter abspülen.
- In einem Tongefäß aus dem Alten Wald 1 Liter frisches Quellwasser aufkochen. Wenn die ersten Blasen an die Oberfläche steigen, die Beeren hineingeben und 5 Minuten kochen, bis sie aufplatzen und ihr Saft sich mit dem Wasser mischt.
- Blüten, Blätter und Ahornsirup dazugeben. Weitere 5 Minuten vermischen und die Flüssigkeit dann durch ein Sieb gießen (oder durch das Wurzelnetz eines willigen Ents, wenn sich gerade einer findet).
- Den Ent-Trank in Flaschen füllen und an einem kühlen Ort aufbewahren, etwa im Wasser eines eiskalten Flusses.

DER HERR DER RINGE

Gandalfs Stärkungstrank

Gandalf der Graue, später Gandalf der Weiße, ist der berühmteste Zauberer Mittelerdes. Unter den Hobbits wird er besonders seiner spektakulären Feuerwerke wegen geschätzt. Er ist Bilbos und später auch Frodos Freund und Gefährte. Gandalf leitet die Gemeinschaft des Rings sicher durch die zahllosen Bedrohungen, die Sauron ihnen entgegenschickt, um den Ring der Macht zurückzuerlangen. Er trägt ein Fläschchen mit Miruvor bei sich, einem Elbentrank, der in jeder Lage Mut macht, sogar dann, wenn man gerade den Pass von Caradhras überquert.

ZUTATEN
FÜR 4 PERSONEN

1 Orange

1 Zitrone

500 g gelbe Pfirsiche

500 g Kirschen

1 kg Rote Johannisbeeren

VORBEREITUNG: 20 MINUTEN **RUHEN LASSEN:** 1 STUNDE

- Die Früchte müssen bei Morgengrauen am Tag der Sommersonnenwende gesammelt und in den klaren Wassern der Bruinen gewaschen werden.
- Die Orange und die Zitrone halbieren und ausdrücken.
- Pfirsiche entsteinen und die Haut abziehen. Kirschen entsteinen. Die Früchte dann mit den gewaschenen und entstielten Johannisbeeren in einen Mörser (oder in eine Küchenmaschine) geben und pürieren. Schließlich den Orangen- und den Zitronensaft dazugeben.
- Durch ein Mulltuch (oder ein Sieb) abgießen, um eine klare Flüssigkeit zu erhalten.
- Den Trank in Bügelflaschen füllen und im Kühlschrank aufbewahren, jedoch nicht länger als bis zum Morgen des fünften Tages.

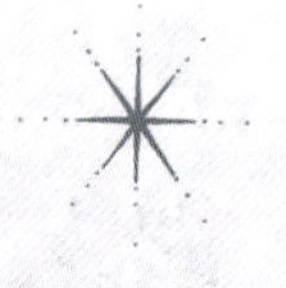

DER HERR DER RINGE

Trunk der Beorninger

Am Vorabend einer Schlacht trinken Beorninger traditionell diese Mischung aus Honig von ihren Bienenstöcken und Kirschen aus dem Wald. Das ermöglicht es ihnen, die Gestalt eines Bären anzunehmen. In Der Hobbit *ist es Beorn höchstpersönlich, der die Schlacht der Fünf Heere beendet, indem er den Anführer der Orks tötet.*

ZUTATEN
FÜR 4 PERSONEN

1 kg Kirschen

500 g milder Honig

VORBEREITUNG: 20 MINUTEN ZUBEREITUNG: 10 MINUTEN
RUHEN LASSEN: 1 STUNDE

- Die Kirschen in einer mondlosen Nacht abspülen, entsteinen und durch ein Tuch pressen, um ihren Saft zu erhalten.
- 500 Milliliter Wasser in einer Kasserolle erwärmen, bis es lauwarm ist, dann den Honig hineingeben und langsam rühren, bis er geschmolzen ist.
- Kirschsaft hineingießen und weitere 5 Minuten unter Rühren erwärmen.
- Vom Herd nehmen und vollständig abkühlen lassen. Das Getränk in Bügelflaschen füllen und in den Kühlschrank stellen.
- Trinken, sobald Ihr hört, dass in der Ferne die Orks anrücken.

HISTOIRE
UNIVERSELLE

HARRY POTTER

Hauselfen-Wein (alkoholfrei)

Als Narzissa Malfoy und Bellatrix Lestrange dem Lehrer Severus Snape einen Besuch abstatten, leistet Snape Narzissa einen Unbrechbaren Schwur. Danach stoßen sie auf das Wohl des Dunklen Lords an.

ZUTATEN
FÜR 4 PERSONEN

VORBEREITUNG: 5 MINUTEN ZUBEREITUNG: 5 MINUTEN
RUHEN LASSEN: 1 STUNDE

1 Orange
1 Handvoll Blaubeeren (gefroren, wenn sie gerade keine Saison haben)
500 ml Traubensaft
4 EL brauner Zucker
1 TL gemahlener Ingwer
1 TL gemahlene Muskatnuss
1 Zimtstange
1 Sternanis

- Wendet zuerst einen Schildzauber an, um Eure Hände zu schützen, dann schneidet mit einem sehr scharfen Messer die Schale von der Orange. Trennt die Schnitze, entfernt die weiße Haut und schneidet das Fruchtfleisch klein.
- Gebt alle Zutaten in einen Kessel, fangt mit dem blutroten Traubensaft an und fahrt dann in der Reihenfolge des Periodensystems der Zutaten fort. Wenn Ihr Euer Schulbuch gelesen hättet, wüsstet Ihr jetzt Bescheid.
- Fügt 300 Milliliter Wasser hinzu und kocht alles 5 Minuten auf. Nehmt den Kessel vom Herd und lasst den Wein 1 Stunde ruhen. Gießt ihn durch ein Sieb und serviert ihn entweder kochend heiß oder eiskalt.

Erinnerungstrank

Severus Snape liebte Harrys Mutter Lily Potter. Nach ihrem Tod soll er oft diesen Trank zu sich genommen haben, welcher Erinnerungen am Leben hält.

ZUTATEN
FÜR 500 ML

VORBEREITUNG: 20 MINUTEN

100 g Ubull-Frucht (Apfel)
1 Schote Melipona (Vanille)
ein paar Phönixtränen (2 EL Ahornsirup)
400 ml Saft eines Lythraceae-Gewächses (Granatapfel)

- Wendet zuerst einen Schildzauber an, um Eure Hände zu schützen, dann schneidet mit einem sehr scharfen Messer die Schale von der Orange. Trennt die Schnitze, entfernt die weiße Haut und schneidet das Fruchtfleisch klein.
- Gebt alle Zutaten in einen Kessel, fangt mit dem blutroten Traubensaft an und fahrt dann in der Reihenfolge des Periodensystems der Zutaten fort. Wenn Ihr Euer Schulbuch gelesen hättet, wüsstet Ihr jetzt Bescheid.
- Fügt 300 Milliliter Wasser hinzu und kocht alles 5 Minuten auf. Nehmt den Kessel vom Herd und lasst den Wein 1 Stunde ruhen. Gießt ihn durch ein Sieb und serviert ihn entweder kochend heiß oder eiskalt.

HARRY POTTER

ECHTES BUTTERBIER (ALKOHOLFREI)

Mit der Erfindung des Buttertoffees wurde im Jahr 1855 auch die Idee für das Butterbier geboren. Dieses süße, auf Cream Soda basierende Getränk sah Bier so ähnlich, dass man ihm den Spitznamen „Butterbier" verpasste. Rons Brüder, die Zwillinge Fred und George, sind die Butterbier-Hauptlieferanten bei Partys im Gemeinschaftsraum. Lasst es fließen, als ob es Wasser wäre!

ZUTATEN
FÜR 4 PERSONEN

60 g Butter
60 g feiner Zucker
1 EL Melasse oder
Zuckerrübensirup
500 ml Cream Soda
Schlagsahne nach Belieben

VORBEREITUNG: 5 MINUTEN ZUBEREITUNG: 10 MINUTEN

- Schmelzt die Butter in einem kleinen Kessel bei schwacher Hitze, gebt dann unter langsamem Rühren den Zucker dazu. Wirkt einen Antiklebezauber oder entfernt mit einem feuchten Pinsel die Zuckerkristalle, die am Kesselrand haften. Sprecht einen Schwebezauber und gebt die Melasse oder den Sirup dazu. 5 Minuten kochen.
- Lasst die Mischung vollständig abkühlen oder verwendet einen Kühlzauber. Gebt 2 Esslöffel des Sirups in jeden Krug und gießt ihn mit etwas Creme Soda auf. Mit einer großzügigen Portion Schlagsahne krönen und genießen.
- Wenn Ihr es nicht ganz so süß mögt, könnt ihr den Zucker auch weglassen.

WARMES BUTTERBIER (ALKOHOLFREI)

Warmes Butterbier ist ein perfekter Stärkungstrank, wenn man im Schnee durch Hogsmeade gestapft ist oder wenn man Kraft braucht, um gegen die Mächte des Bösen zu kämpfen.

ZUTATEN
FÜR 4 PERSONEN

60 g Butter
60 g feiner Zucker
1 EL Melasse oder
Zuckerrübensirup
500 ml Milch
Schlagsahne nach Belieben

VORBEREITUNG: 5 MINUTEN ZUBEREITUNG: 5 MINUTEN

- Folgt dem ersten Schritt aus dem Rezept für Echtes Butterbier (aber ohne den Sirup abkühlen zu lassen).
- Gießt die Milch in die Mischung und erhitzt das Ganze unter vorsichtigem Rühren. In Krügen servieren und je nach Belieben mit Schlagsahne krönen.
- Wenn Ihr es nicht ganz so süß mögt, könnt ihr den Zucker auch weglassen.

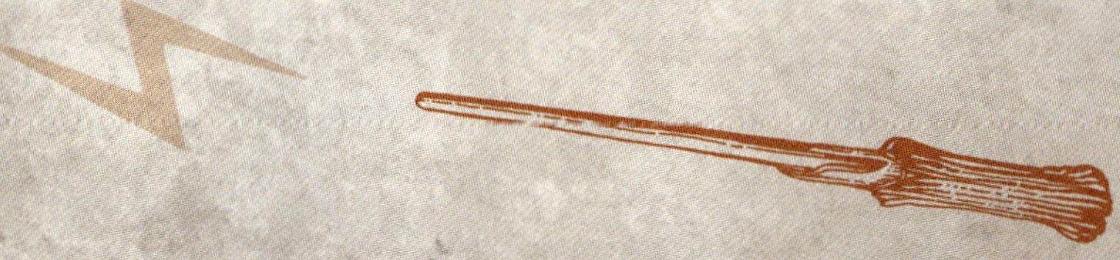

ZELDA

Grünes Elixier

In der Welt von Hyrule gibt dieses Elixier Link seine Kräfte zurück.

ZUTATEN
FÜR 1 LITER

500 ml Wasserfallwasser
500 ml Kiwisaft
4 EL Kirschsirup
Saft von 1 Zitrone
1 Handvoll Maraschino-kirschen

VORBEREITUNG: 5 MINUTEN RUHEN LASSEN: 15 MINUTEN

- Gießt in einer der versteckten Höhlen Hyrules, die nur die Elfen, nicht aber die Oktoroks kennen, Wasser von einem Wasserfall durch eine magische Flöte in einen Kessel.
- Gebt den Kiwisaft dazu, den Ihr auf Eurer letzten Quest von den Minisch bekommen habt, und ruhrt vorsichtig.
- Gebt den Kirschsirup in einen Krug und gießt dann den Zitronensaft und die Kiwimischung dazu.
- Fügt die Maraschinokirschen hinzu, lasst den Trank 15 Minuten ruhen, damit er später möglichst viele Magiepunkte wiederherstellt, und gießt ihn dann in eine Flasche.

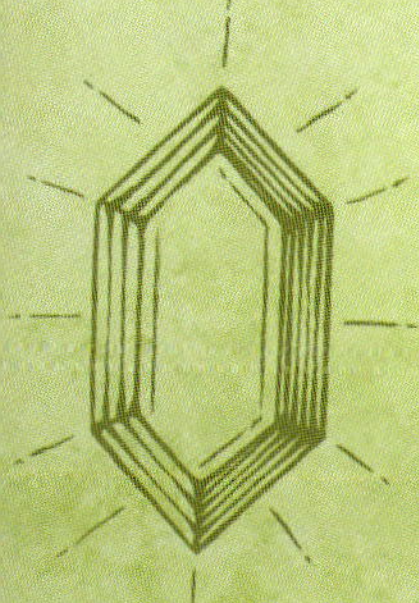

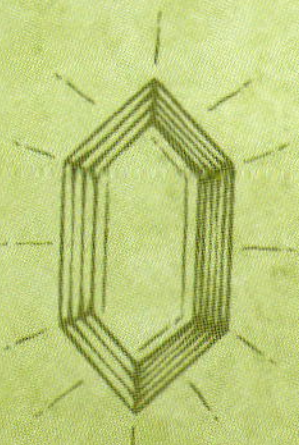

MARY POPPINS

Supercalifragilisticexpialigetisches Elixier

Ein sehr exklusiver Cocktail, der von Pinguinkellnern am Derby Day serviert wird.

ZUTATEN
FÜR 4 PORTIONEN

4 EL Kirschsirup
250 ml Grapefruitsaft
750 ml Pfirsichsaft
2 TL Vanilleextrakt

VORBEREITUNG: 15 MINUTEN

- Hackt ein paar Eisstückchen von einem Eisberg und teilt sie auf 4 Gläser auf. Verteilt auch den Kirschsirup, den Grapefruitsaft, den Pfirsichsaft und das Vanilleextrakt gleichmäßig auf die Gläser.
- Vorsichtig mit Mary Poppins Schirm umrühren und genießen, während Ihr dem Karussellpferderennen zuseht.

DORNRÖSCHEN

Drachentrank

Dieser Trank versetzt Euch in die Lage, wie die rachsüchtige Maleficent Euren inneren Drachen zu wecken oder einschlafen zu lassen.

ZUTATEN
FÜR 4 PERSONEN

Essenz der Angst (oder 4 EL Blue Curaçao)
verletzter Stolz (oder 500 ml Apfelsaft)
konzentrierte Rache (oder 500 ml Cranberrysaft)
Feuerfrucht (oder Saft von 1 Zitrone)

VORBEREITUNG: 5 MINUTEN

- Wenn sich der Sturm erhebt und das Unwetter heranrollt, dann gießt die Essenz der Angst in einen Kelch und seht, wie sie im Licht der Blitze schimmert.
- Gebt beim zweiten Donner Euren verletzten Stolz und Eure konzentrierte Rache dazu. Zeigt Euer finsterstes Lächeln und rührt mit Eurem Zepter um.
- Wenn die Windböen um Euch herumwirbeln, dann ist es Zeit, den Saft der Feuerfrucht dazuzugeben. Trinkt und entfesselt Euren furchtbaren Zorn.

SCHNEEWITTCHEN UND DIE SIEBEN ZWERGE

Das Schönheits-elixier der Königin

Ein Zaubertrank, mit dessen Hilfe man ewig schön und vor allem hinterhältig bleibt. Hahaha!

ZUTATEN
FÜR 500 ML

Pastinaca (oder 400 ml Karottensaft)
Saft der Ubull-Frucht (oder 100 ml Apfelsaft [von ungiftigen Äpfeln])
pulverisierte schlafende Schönheiten (oder 1 EL geröstete gemahlene Haselnüsse)
Rinde eines Salagamabaumes (oder 1 Zimtstange)

VORBEREITUNG: 15 MINUTEN ZUBEREITUNG: 10 MINUTEN
ZIEHEN LASSEN: 15 MINUTEN

- Stattet Euch mit Euren liebsten und schmeichelhaftesten Accessoires aus (ein verfluchtes Cape, ein Dämonenzepter ...), rollt die Ärmel hoch, spült die Pastinaken ab und schneidet sie in Scheiben.
- 10 Minuten in einem kleinen Kessel kochen, dann die Kochflüssigkeit abgießen und auffangen (die Gemüsereste könnt ihr Eurem Lieblingsraben geben, dem werden sie schmecken).
- Gebt die Kochflüssigkeit wieder in den Kessel und rührt über schwacher Hitze den Saft der Ubull-Frucht ein.
- Rührt mit der linken Hand so oft um, dass es dem Tag Eurer Geburt entspricht (also dreimal, wenn Ihr am dritten Tag des Monats geboren seid, und so weiter).
- Sobald die Mischung warm ist, fügt die Hoffnung einer albernen Prinzessin und das dümmliche Lächeln eines Prinzen hinzu und streut die gerösteten, pulverisierten schlafenden Schönheiten darüber. Gebt dann die Salagamarinde hinein und lasst sie 15 Minuten ziehen, bevor Ihr das Getränk wieder vom Herd nehmt.
- Heiß, lauwarm oder kalt servieren.

HALLOWEEN

Kürbissaft

Ein Muss auf allen Zaubererversammlungen!

ZUTATEN
FÜR 1 KRUG

250 g gekochter Kürbis, beispielsweise Muskat oder Butternut (gefroren, wenn er gerade keine Saison hat)
1 l Apfelsaft
125 g Aprikosenmarmelade
die Spitze einer Zimtstange (= 1 Prise)

VORBEREITUNG: 5 MINUTEN

- Wenn die Sonne ihre letzten Strahlen auf die Erde schickt und die Nacht der Geister und Zauberer anbricht, dann zieht Euer feinstes Zeremoniengewand an (auch wenn in manchen fernen Ländern die Zauberer dieses Getränk in Schlafanzug und Hausschuhen herstellen) und greift nach Eurem Zauberstab.
- Gebt den gekochten Kürbis in einen mittelgroßen Kessel und gießt den Apfelsaft dazu.
- Rückt die Brille auf Eurer Nasenspitze zurecht und schiebt die Kröte und die Katze beiseite. Führt einen Schalldämpferzauber aus, damit Ihr nicht zu viel Aufmerksamkeit auf Euch lenkt, und püriert die Mischung gründlich mit einem Stabmixer.
- Gebt nach und nach die Aprikosenmarmelade dazu und püriert nach jedem Löffel. Wischt die Kürbisspritzer von Eurer Brille, von den Haaren, vom Tisch und vom Teppich.
- Gebt ganz nach Geschmack Zimt dazu, füllt den Saft in einen Krug und stellt ihn in den Kühlschrank (passt auf, dass die Kröte nicht rankommt, ein orangeroter Lurch könnte die Nachbarn überraschen).

DIE SCHLÜMPFE

SCHLUMPFCOCKTAIL

Sarsaparille ist zwar die Lieblingsspeise der Schlümpfe, wenn die aber gerade keine Saison hat, schlürfen sie auch schon mal gerne diesen Cocktail.

ZUTATEN
FÜR 4 PERSONEN

500 ml Birnensaft
500 ml Mineralwasser
mit Kohlensäure
4 EL Blue Curaçao
1 Handvoll Himbeeren
4 Zimtstangen

VORBEREITUNG: 10 MINUTEN

- Wenn sich das ganze Dorf versammelt hat und die Sonne hoch am Himmel steht, dann schlumpft* den Birnensaft vorsichtig in Gläser.
- Als nächstes schlumpft** das schlumpfige*** Wasser dazu und schlumpft****, ohne euch von Schlaubi ablenken zu lassen.
- Wenn die Mischung zischt, dann schlumpft***** den Curaçao am Glasrand entlang in die Gläser. Er muss den Boden erreichen, ohne sich aufzuschlumpfen******.
- Dann, und erst dann, schlumpft******* die Himbeeren hinein, die ihr schlumpfig von Torti stibitzt habt.
- Rührt mit einer Zimtstange um und schlürft schlumpfig glücklich.

* *gebt*
** *gießt*
*** *prickelnde*
**** *rührt*
***** *tröpfelt*
****** *aufzulösen*
******* *gebt schnell*

DIE BARTIMÄUS-TRILOGIE

MESOPOTAMISCHER NEKTAR

Mein lieber Ptolemäus, mein Herr und der einzige Zauberer, der nicht nur über uns herrschen, sondern die Dschinn wirklich verstehen wollte – und damit auch mich, Bartimäus, auch wenn ich zugegebenermaßen durchaus etwas besonders Besonderes bin. Wie auch immer, ich wollte sagen, dass mir Ptolemäus eines Tages, während ich diesen Trank genoss, das Versprechen abnahm, etwas diskreter zu sein und jedem Ärger in Zukunft aus dem Weg zu gehen. Ich habe es geschafft. Zumindest vier Tage lang.

ZUTATEN
FÜR 4 PERSONEN

75 g ungesalzene Pistazien
3 EL Rosensirup
1 EL Pinienkerne
500 ml Traubensaft
Eiswürfel

VORBEREITUNG: 5 MINUTEN

- Die Pistazien von der Schale befreien und grob hacken. Verwandelt Euch dann in einen Drachen und röstet sie mit einem einzigen Atemstoß oder in einer Pfanne über mittlerer Hitze 1–2 Minuten.
- Füllt 4 Gläser bis zur Hälfte mit Eiswürfeln.
- Verteilt den Rosensirup auf die 4 Gläser (nehmt nur Sirup von Blüten aus den Hängenden Gärten Babylons oder, wenn es sein muss, Damaszenerrosen, alle anderen sind keinen Drudenfuß wert).
- Werft lässig eine Handvoll Pistazien und Pinienkerne in die Gläser und gießt den Traubensaft darüber.
- Ja, ich weiß, es ist köstlich ... Nein, nein, Ihr braucht mir nicht zu danken ... Es reicht vollkommen aus, wenn Ihr mich anbetet, nein wirklich, ganz sicher!

DIE CHRONIKEN VON NARNIA

Digorys Geheimnis

(siehe Foto auf Seite 170)

Digory und seine Freundin Polly waren die ersten Kinder, die nach Narnia reisten und der Weißen Hexe begegneten. Es war ein Zufall – sie saßen auf dem Dachboden und tranken nichts ahnend ihr Ingwerbier, aber wer weiß schon, was passiert, wenn man mit magischen Ringen spielt.

ZUTATEN
FÜR 4 PERSONEN

1 Ingwerwurzel
(20 g, oder 1 TL gemahlener Ingwer)
500 ml Apfelsaft
1 EL Crushed Ice
1 Zitrone, in Scheiben geschnitten
4 Zimtstangen

VORBEREITUNG: 5 MINUTEN ZIEHEN LASSEN: 15 MINUTEN

- Die Ingwerwurzel schälen und in feine Scheiben schneiden.
- Den Apfelsaft in einen Kessel gießen und bei mittlerer Hitze erwärmen, die Ingwerscheiben hineingeben, den Herd ausschalten und 15 Minuten ziehen lassen. Abgießen und die Flüssigkeit auffangen.
- Apfelsaft und Ingwerscheiben vollständig abkühlen lassen.
- Crushed Ice auf die Gläser verteilen, etwas Ingwer hineingeben und den Apfelsaft verteilen. Mit 500 Milliliter Wasser auffüllen, ein paar Zitronenscheiben hineinlegen und mit einer Zimtstange umrühren.
- Erhebt Euer Glas auf Aslan, leert es und springt in den Ring, um den Wald zwischen den Welten zu entdecken.

DIE CHRONIKEN VON NARNIA

Trost der Weissen Hexe

Nachdem Edmund Pevensie die Weiße Hexe getroffen hat, ist ihm so kalt, dass er nicht mehr sprechen kann. Jadis flößt ihm dieses Trost spendende magische Getränk ein und schon vergisst Edmund die Eiseskälte, die in Narnia regiert, wo immer Winter, aber niemals Weihnachten ist.

ZUTATEN
FÜR 4 PERSONEN

750 ml Milch
250 ml entkoffeinierter Kaffee
1 Becher Schlagsahne
4 EL ungesüßtes Kakaopulver

FÜR DAS KARAMELL

250 g hellbrauner Zucker
½ EL weißer Essig

VORBEREITUNG: 5 MINUTEN ZIEHEN LASSEN: 15 MINUTEN

- Bereitet das Karamell zu, bevor Ihr einfriert und als eine der Statuen beim Schloss der Weißen Hexe endet. Schmelzt vorsichtig den Zucker in einer großen Kasserolle bei starker Hitze mit 50 Milliliter Wasser und dem Essig. Kocht die Mischung unter ständigem Rühren mit einem Holzlöffel auf. Sobald sich die ersten Bläschen bilden, schaltet die Hitze herunter.
- Stellt die Kasserolle in das Spülbecken, passt auf, dass Ihr Euch nicht an Spritzern verbrennt, und gießt vorsichtig 100 Milliliter Wasser in das Karamell. Wartet, bis sich das Sprudeln gelegt hat, und stellt die Pfanne dann wieder bei schwacher Hitze auf den Herd. Erwärmt die Mischung bei ständigem Rühren 1 Minute.
- Lasst das Karamell vollständig abkühlen, bevor Ihr es in einen Kristallflakon gießt.
- Stellt eine Kasserolle bei sehr schwacher Hitze auf den Herd und verrührt darin Milch, 80 Gramm des frisch gemachten Karamells und den Kaffee. Den Rest für weitere Verwendung aufbewahren. Die Sahne steif schlagen.
- In Tassen gießen, großzügig mit Schlagsahne krönen, mit Kakao besprenkeln und sehr heiß servieren.

ALADIN

Grosswesir

Ein Bösewicht zu sein, kann einem schon zu Kopf steigen. Um sich nach seinen fiesen Verschwörungen und dunklen Machenschaften etwas abzukühlen, genießt Jafar einen Großwesir – ein Getränk, gerade so einzigartig wie er selbst. Das Rezept war stets ein Geheimnis ... bis heute.

ZUTATEN
FÜR 4 PERSONEN

1 Prise Chilipulver
1 TL Fenchelsamen (oder 2 Beutel mit Kräutertee)
2 TL Senf
1 TL Kurkuma
100 ml Sojamilch
Salz

VORBEREITUNG: 10 MINUTEN ZUBEREITUNG: 5 MINUTEN
RUHEN LASSEN: 15 MINUTEN

- Zuerst 1 Liter Wasser aufkochen, dann die Gewürze in dieser Reihenfolge hineingeben: erst das Chilipulver, um den Geist zu klären, dann den Fenchel, um teuflische Pläne schmieden zu können, den samtigen Senf, um eure Ideen zu festigen, und schließlich das Kurkumapulver, weil Gold die einzige Farbe ist, die mir zu Gesicht steht!
- Nehmt den Topf vom Herd und lasst die Gewürze 10 Minuten ziehen, während Ihr die Namen auf Eurer Vergeltungsliste herunterbetet. Gönnt Euch dabei auch mal eine Pause (es ist sicher eine lange Liste). Gießt die Flüssigkeit in einen Krug, gebt die Sojamilch dazu, kostet, würzt eventuell etwas nach und stellt den Großwesir vor dem Servieren 15 Minuten in den Kühlschrank.

Elixier der Dschinn

Ein Getränk, das Euch stärkt, damit Ihr es mit einem stinksauren Großwesir aufnehmen und gleichzeitig Stepptanzen und den Sultan in den Ohren kitzeln könnt!

ZUTATEN
FÜR 4 PERSONEN

4 EL Blaubeergelee
300 ml Himbeersaft
500 ml Apfelsaft
Saft von 1 Zitrone

VORBEREITUNG: 5 MINUTEN

- Wenn Ihr es mit einem mächtigen Gegner zu tun bekommt, dann versucht es einmal mit diesem Elixier. Verteilt das Blaubeergelee auf 4 Gläser. Gießt dann Himbeersaft, Apfelsaft und Zitronensaft in einen Krug und rührt alles um.
- Verteilt den Fruchtsaft auf die Gläser und wappnet Euch mit diesem Elixier, wenn Jafar vor Wut kurz vorm Platzen ist. Er mag ja ein Zauberer sein, aber er sollte seine Schnabelschuhe lieber gut festhalten!

ASTERIX UND OBELIX

Zaubertrank

Der vielleicht berühmteste Trank überhaupt! Ein Klassiker mit einer ganzen Reihe von magischen Wirkungen. Er verleiht übermenschliche Kräfte, gibt Stimmlosen ihre Stimme zurück und erweckt Bewusstlose zum Bewusstsein. Selbst Gänseblümchen erblühen damit schneller! Aber seid vorsichtig und fallt bloß nicht in einen Kessel voller Zaubertrank!

ZUTATEN
FÜR 4 PERSONEN

200 ml Blaubeersaft
1 EL Backsoda
80 g feiner Zucker
Saft von 4 Zitronen
1 EL Karottensaft, von erntefrischen Karotten
150 ml Erdbeersaft
1 EL Rote-Bete-Saft
Honig nach Belieben

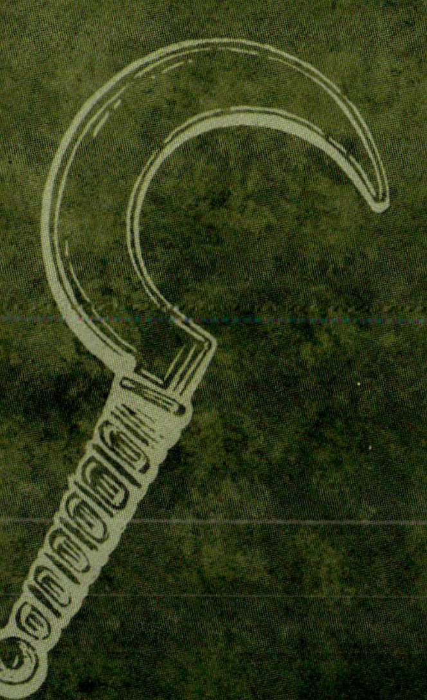

VORBEREITUNG: 10 MINUTEN RUHEN LASSEN: 5 MINUTEN

Eine Warnung von Obelix: Ich soll Euch von Miraculix ausrichten, dass Ihr auch wirklich aufpassen sollt, damit niemand in einen Kessel voller Zaubertrank fällt, blablabla …

- Erhitzt den Blaubeersaft mit 80 Milliliter Wasser in einem kleinen Kessel. Achtet darauf, dass der Kessel an einem windgeschützten Ort steht, wenn möglich unter einer mindestens einhundertjährigen Eiche, in der eine Meisenfamilie wohnt (Meisengesang ist der Konzentration äußerst zuträglich). Gebt dann Backsoda und Zucker in den Kessel und rührt alles gründlich durch.
- Wenn die Mischung die Farbe einer mondlosen Nacht angenommen hat (ein sehr dunkles Blau), dann gebt den ganzen Zitronensaft in einem Schwung hinzu und rührt enthusiastisch um. Jetzt sollte Euer Zaubertrank zu blubbern beginnen. Und wenn sich die Farbe von Dunkelblau in Rubinrot verwandelt, dann habt Ihr Euch Eure Druidensichel verdient!
- Fügt Tropfen für Tropfen den Karottensaft hinzu, dabei immer weiter rühren, dann den ganzen Erdbeersaft auf einmal und schließlich den Rote-Bete-Saft, immer einen halben Löffel voll. Vorsichtig rühren. Kosten und, wenn Ihr möchtet, mit Honig verfeinern.
- Jetzt seid Ihr bereit für ein neues Abenteuer!

Druidentipp: Wenn Blaubeeren gerade keine Saison haben, dann könnt Ihr stattdessen auch die gleiche Menge Brombeersaft nehmen.

DUNGEONS & DRAGONS

Unsichtbarkeitstrank

Wie der Name schon andeutet, macht einen dieser Trank unsichtbar, was wiederum sehr nützlich ist, wenn man sich in der Schlacht vor seinen Feinden verbergen, an Türen lauschen oder einen magischen Gegenstand stehlen möchte. Aber seid vorsichtig, Euer Körper ist zwar nicht zu sehen, Euer Schatten dafür aber schon.

ZUTATEN
FÜR 1 LITER

- 2 Früchte der Intention (oder zwei Limetten)
- 500 ml Saft der Ironie (oder gelber Grapefruitsaft)
- 6 EL Trompe-l'œil-Sirup (oder Rohrzuckersirup)
- 500 ml zischender Trollgeist (oder Tonicwater)
- 1 Hauch von Diskretion (oder einen Minzzweig)

VORBEREITUNG: 2 MINUTEN RUHEN LASSEN: 10 MINUTEN

- Presst die Früchte aus, ohne auch nur einen Tropfen zu verschütten, sonst könnte jemand Euer Ansinnen erahnen. Mischt den Trompe-l'œil-Sirup mit dem Saft der Intentionsfrüchte und dem Saft der Ironie. Gießt dann den Trollgeist dazu. Reinigt den Hauch von Diskretion und gebt ihn zum Trank. Lasst alles 10 Minuten ruhen und gießt die Flüssigkeit in eine Flasche.
- Wenn Ihr Euch in Höhlen wagt, die von ultraviolettem Licht erhellt werden, dann vergesst nicht, dass Euer Trank phosphoreszieren wird und Euch so den Weg erhellen kann. Leider kann er Euch dadurch aber auch verraten …

Hypocras aus dem Freundlichen Arm

Es geht doch nichts über einen guten Humpen Hypocras, um die Lebensgeister wieder zu wecken, nachdem man es mit aufmüpfigen Riesen, schlecht gelaunten Magiern, Zombies, Ghulen und anderen Plagegeistern aufgenommen hat.

ZUTATEN
FÜR 4 PORTIONEN

- 60 g frische Ingwerwurzel
- 10 Kardamomkapseln
- 10 Nelken
- 30 g gemahlener Zimt
- 1 l roter Traubensaft
- 6 TL dunkler Honig (Kastanie oder Tanne)

VORBEREITUNG: 5 MINUTEN RUHEN LASSEN: 3 STUNDEN

- Die Ingwerwurzel schälen und reiben. Kardamomkapseln und Nelken im Mörser zermahlen. Zimt dazugeben und mit der Ingwerwurzel mischen. Traubensaft in einem kleinen Kessel bei schwacher Hitze erwärmen, dann den Honig und schließlich die Gewürze dazugeben.
- Den Herd ausschalten und alles so lang ziehen lassen, wie man braucht, um den Verwirrungszauber rückgängig zu machen, den Ihr dem Wyvern des Magiers neben der Tür versehentlich angehängt habt. Lasst also 2 oder 3 Stunden vergehen.
- Gießt den Hypocras durch ein Sieb in einen Krug und schmeißt eine Lokalrunde, damit niemand bemerkt, dass Eure Freunde gerade durch den geheimen Tunnel unter dem Tresen verschwinden.

GÄNSEHAUT

Slappys Geisterpunsch

Als Slappy, die Bauchrednerpuppe, die Monster aus den verschiedenen Gänsehaut-Büchern freilässt, glaubt er an einen leichten Sieg. Aber er hat die Rechnung ohne den Autor und dessen Freunde gemacht, denen es schon bald gelingt, den Blob zu Mus zu machen und nebenbei jede Menge Zombieteile festzunageln.

ZUTATEN
FÜR 8 PERSONEN

VORBEREITUNG: 5 MINUTEN KÜHLZEIT: 3 STUNDEN

4 Blätter Gelatine
4 Orangen
1 l Himbeersaft
1 l Erdbeersaft
4 EL Brombeergelee
4 EL Honig
2 Minzzweige

- Erst 1 Liter Wasser in einem kleinen Kessel erwärmen, aber nicht kochen lassen. Dann die Gelatine darin auflösen. Ein Paar Latexhandschuhe abspülen und sorgsam darauf achten, dass auch wirklich kein Talkumpuder mehr daran haftet.
- Sobald sich die Gelatine aufgelöst hat, die Handschuhe vollständig mit dem Gelatinewasser füllen und so fest verknoten, dass nichts entweicht. Die Handschuhe mindestens 3 Stunden in die Gefriertruhe legen.
- Die Orangen ausdrücken und ihren Saft in einer durchsichtigen Kristallschale mit dem Himbeer- und dem Erdbeersaft mischen.
- Brombeergelee in mehreren kleinen Schüsseln oder in einer großen Schüssel verteilen, erst den Saft, dann den Honig am Rand der Schüssel hinabrinnen lassen.
- Die Handschuhe aus dem Kühlschrank nehmen, am Knoten aufschneiden und vorsichtig das Eis herausholen. Die gefrorenen Hände in die Schüssel legen, die Minze mit den Fingern zerdrücken und ebenfalls in die Schüssel werfen. Den Punsch servieren.

EIN SOMMERNACHTSTRAUM

Verwirrungstrank

In Ein Sommernachtstraum *will sich Oberon, der König der Elfen, an seiner Königin Titania rächen, die ihm einen Sterblichen vorzieht. Deshalb bittet er Puck, einen spitzbübischen Waldgeist, darum, einen Trank zu brauen, der Titanias Sinne verwirrt und sie dazu bringt, sich in das erste Wesen zu verlieben, auf das sie nach dem Aufwachen trifft.*

ZUTATEN
FÜR 4 PERSONEN

1 l Limonade
40 g Honig
2 Zitronen
3 Blätter Königskraut (Basilikum)
2 Erdbeeren

VORBEREITUNG: 5 MINUTEN

Es ist die Stunde der Nacht gekommen
Und ich habe den Ruf der Eule vernommen,
Jetzt ist die Zeit, wie mein König befiehlt,
Dass sein Diener den Geist seiner Königin stiehlt.
Das Weben der Spinnen verbirgt meine Schritte,
Damit niemand sie hört oder ahnt, meine Tritte.
Ein Kessel, und leise rinnt die Limonade hinein,
Honig der Elfen und Saft der Zitronen so fein,
Und Königskrautblätter, ein wenig zerdrückt,
Und Erdbeeren, unter dem Stern'zelt zerstückt,
Und all diese Zutaten köstlich vermischt,
Dass ihr jeder klare Gedanke erlischt.
Damit sie trinkt und vergisst Oberon,
Ihr'n edlen Herren im feinen Phaeton,
Damit sie erwacht und ein seltsames Wesen sieht,
Und nicht versteh'n kann, was mit ihr geschieht.
Damit diese Liebe ihr feurig erscheint
und er in ihren Augen vom Himmel geweiht.
Doch möge Titanias Lektion über Oberons Macht
Nur so lange dauern wie der Traum einer Mittsommernacht.

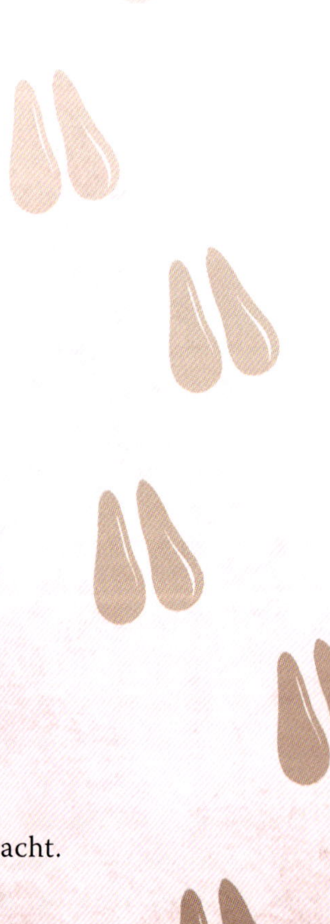

Autorenportrait

Aurélia Beaupommier ist eine leidenschaftliche Leserin jeglicher wunderbarer und phantastischer Literatur. Als sie eines Tages in einen Kessel voller Äpfel, Musketiere, Zauberer und großer Entdecker fiel, beschloss sie, dem CNRS (Nationales Zentrum für wissenschaftliche Forschung in Frankreich) beizutreten, wo sie viele Jahre als Bibliothekarin arbeitete. So groß wie für Bücher ist auch ihre Leidenschaft fürs Kochen, und heute lebt sie mit ihrer Familie an einem geheimen Ort in der Normandie, an dem es „Bücher, Freunde und Blumen" gibt und an dem sie diese Rezepte aus den Welten der Phantasie ersonnen hat.

Danksagung

Weil dieses Buch ohne ein paar bestimmte Menschen nicht das wäre, was es ist, gilt mein besonderer Dank:

All denen, die diese Seiten mit ihrer Professionalität, ihrem Talent und ihrer Kreativität zum Leben erweckt haben. Didier, der als Erster an dieses Buch geglaubt hat, und Corinne und Marjorie für ihre großartigen Ideen genau zur richtigen Zeit. Peter und Alexia für ihre Fotos und die Gestaltung. Dem Moshi Moshi Studio für das Grafikdesign. Liguori für seine Hilfe bei Doctor Strange und Warcraft. Dem Team des Relais Bernard Loiseau für seine Freundlichkeit und seine Großzügigkeit mit seiner Zeit. Dem Team des Jugendbereichs der Bibliothèque Municipale de Bayeux. Laurence für ihren unerschöpflichen Enthusiasmus. Lina, Naël und Elian für ihre spontanen Kommentare und ihre ansteckende Fröhlichkeit. Yannick und Yannaëlle, die mir schon seit … wann noch gleich zur Seite stehen? C., P., Ch., E. und O., danke dafür, dass Ihr seid, wie Ihr seid, und dafür, dass Ihr für mich da wart. Cyril und Emily, für Eure Liebe und Euren Humor … und für Eure Geduld. Und vor allem, danke an Euch, liebe Leser, ohne Euch wäre nichts von alledem möglich.

Alexia möchte jenen danken, die bei der Bildgestaltung geholfen haben: der Hexe Marion Dupuis für ihre wertvolle Hilfe und ihre schlumpfigen technischen Fähigkeiten sowie Romain, dem jungen Padawan.

Ein großer Dank geht auch an alle, die Requisiten zur Verfügung gestellt haben, eine bizarrer als die andere: Julien und Eugéni sowie die TEO LEO Gallery (www.teoleo-galerie.com).

Und zu guter Letzt: Danke an Marjorie, Corinne und Didier für ihr Vertrauen.

Index

Herzhafte Gerichte

Desserts & Getränke

Bibliographie

Allgemeines

Loiseau, Bernard, Gilbert, Gérard, *Trucs, astuces et tours de main*, Hachette, 1996.
Bottéro, Jean, *La plus vieille cuisine du monde*, Éditions Louis Audibert, 2002.
Mathiot, Ginette, *Merveilles de la cuisine internationale et exotique*, Flammarion, 1967.
Massialot, François, *Le cuisinier roïal et bourgeois*, Chez Claude Prudhomm, 1691.
Einzusehen unter: http://gallica.bnf.fr/ark:/12148/bpt6k108571q

Gedruckte Zauberer

Andersen, Hans Christian, *Die kleine Seejungfrau (Alte Märchen neu erzählt)*, Abentheuer Verlag, 2018.
Barks, Carl, *Les Trésors de Picsou*, Disney Hachette Presse, 2006–2014.
Baum, L. Frank, *Der Zauberer von Oz*, Knesebeck, 2011.
Brand, Christianna, *Nanny Matilda*, Berlin Verlag, 2006.
Camiglieri, Laurence, *Contes et Légendes du Poitou et des Charentes*, coll. Contes et Légendes de tous les pays, Fernand Nathan, 1977.
Clarke, Gilson, *Melusine*, Phoenix Verlag Michael Hug, 2000.
Collectif, *50 contes et histoires enchantées*, Compagnie Internationale du Livre, 1980.
Collectif, *Contes et Légendes de Brocéliande*, Terre de Brume, 2000.
Dahl, Roald, *Hexen hexen*, Rowohlt Taschenbuch, 1990.
Goscinny, René, Uderzo, Albert, Ferri, Jean-Yves, *Asterix*, Egmont Comic Collection 2013–2018.
Grimm, Jacob, Grimm, Wilhelm, *Grimms Märchen (vollständige Ausgabe)*, Anaconda, 2009.
Leprince de Beaumont, Jeanne-Marie, *Die Schöne und das Biest und andere französische Märchen*, Anaconda, 2018.
Perrault, Charles, *Contes*, Hachette, collection Grandes Oeuvres, 1978.
Peyo, *Die Schlümpfe Kompaktausgabe*, Splitter-Verlag, 2016–2018.
Rowling, J. K., *Hogwarts-Schulbücher: Phantastische Tierwesen und wo sie zu finden sind*, Carlsen, 2017.
Shakespeare, William, *Ein Sommernachtstraum/A Midsummer Night's Dream*, ars vivendi, 2000.
Stine, R. L., *Gänsehaut: Die aufregendsten Gruselschocker*, Bassermann, 2007.
Tezuka, Osamu, *Kimba, der weiße Löwe*, Carlsen, 2011.
Travers, P. L., *Mary Poppins*, Dressler, 2015.

Der Herr der Ringe

Tolkien, J. R. R., *Der kleine Hobbit*, dtv, 1974.
Tolkien, J. R. R., *Der Herr der Ringe, Teil 1: Die Gefährten*, Klett-Cotta, 1969.
Tolkien, J. R. R., *Der Herr der Ringe, Teil 2: Die zwei Türme*, Klett-Cotta, 1970.
Tolkien, J. R. R., *Der Herr der Ringe, Teil 3: Die Rückkehr des Königs*, Klett-Cotta, 1970.

Die Bartimäus-Trilogie

Stroud, Jonathan, *Bartimäus – Das Amulett von Samarkand, Band 1*, Blanvalet Taschenbuch Verlag, 2007.

Stroud, Jonathan, *Bartimäus – Das Auge des Golem, Band 2*, Omnibus TB, 2008.

Stroud, Jonathan, *Bartimäus – Die Pforte des Magiers, Band 3*, cbj, 2008.

Stroud, Jonathan, *Bartimäus – Der Ring des Salomo, Band 4*, cbj, 2013.

Harry Potter

Rowling, J. K., *Harry Potter und der Stein der Weisen*, Carlsen, 1998.

Rowling, J. K., *Harry Potter und die Kammer des Schreckens*, Carlsen, 2006.

Rowling, J. K., *Harry Potter und der Gefangene von Azkaban*, Carlsen, 2007.

Rowling, J. K., *Harry Potter und der Feuerkelch*, Carlsen, 2008.

Rowling, J. K., *Harry Potter und der Orden des Phönix*, Carlsen, 2009.

Rowling, J. K., *Harry Potter und der Halbblutprinz*, Carlsen, 2010.

Rowling, J. K., *Harry Potter und die Heiligtümer des Todes*, Carlsen, 2011.

Die Chroniken von Narnia

Lewis, C. S., *Das Wunder von Narnia, Die Chroniken von Narnia Band 1*, Ueberreuter Verlag, 2005.

Lewis, C. S., *Der König von Narnia, Die Chroniken von Narnia Band 2*, Ueberreuter Verlag, 2005.

Lewis, C. S., *Der Ritt nach Narnia, Die Chroniken von Narnia Band 3*, Ueberreuter Verlag, 2007.

Lewis, C. S., *Prinz Kaspian von Narnia, Die Chroniken von Narnia Band 4*, Ueberreuter Verlag, 2007.

Lewis, C. S., *Die Reise auf der Morgenröte, Die Chroniken von Narnia Band 5*, Ueberreuter Verlag, 2007.

Lewis, C. S., *Der silberne Sessel, Die Chroniken von Narnia Band 6*, Ueberreuter Verlag, 2008.

Lewis, C. S., *Der letzte Kampf, Die Chroniken von Narnia Band 7*, Ueberreuter Verlag, 2008.

Zauberer auf der grossen und der kleinen Leinwand

Doctor Strange, Scott Derrickson, Marvel Studios, 2016.

Gänsehaut, Rob Letterman, Columbia Pictures, 2016.

Der König der Löwen, Rob Minkoff, Roger Allers, Disney Studios, 1994.

Odysseus 31, Jean Chalopin, Nina Wolmark, DIC, Tokyo Movie Shinsha, 1987 ff.

Phantastische Tierwesen und wo sie zu finden sind, David Yates, Warner Bros., 2016.

Verliebt in eine Hexe, William Asher, ABC, 1968 ff.

Warcraft: The Beginning, Duncan Jones, Legendary Pictures, Universal Pictures, 2016.

Willow, Ron Howard, Imagine Entertainment, Lucasfilm, Metro-Goldym-Mayer 1988.

Der Zauberer und die Hexe, Wolfgang Reitherman, Disney Studios, 1964.

Eine Zauberhafte Nanny, Kirk Jones, Universal Pictures, 2006.

Spiele

Baldur's Gate, Die Legenden der Schwertküste, Icewind Dale, BioWare and Black Isle Studios, seit 1998.

Dungeons & Dragons, Tactical Studies Rules and Wizards of the Coast, seit 1974.

The Legend of Zelda, Nintendo, seit 1986.

World of Warcraft, Blizzard Entertainment, seit 1994.

EBENFALLS BEI Zauberfeder

Aurélia Beaupommier
ZAUBERHAFTE PÂTISSERIE – SAGENUMWOBENES GEBÄCK UND ANDERE PHANTASTISCHE LECKEREIEN
192 Seiten, Hardcover, 21 x 29,7 cm
ISBN 978-3-96481-004-5, 29,90 Euro

Chelsea Monroe-Cassel & Sariann Lehrer
A GAME OF THRONES – DAS OFFIZIELLE KOCHBUCH
224 Seiten, Hardcover, 21 x 20 cm
ISBN 978-3-938922-43-9, 24,90 Euro

Chelsea Monroe-Cassel
FROM THE SANDS OF DORNE
Eine Ergänzung zu „A Game of Thrones – Das offizielle Kochbuch"
44 Seiten, Hardcover, 21 x 20 cm
ISBN 978-3-938922-93-4, 9,90 Euro

THERESA CARLE-SANDERS
OUTLANDER – DAS OFFIZIELLE KOCHBUCH ZUR HIGHLAND-SAGA
340 Seiten, Hardcover, 21 x 20 cm
ISBN 978-3-938922-76-7, 39,90 Euro

Patzy Llaleena
KOCHEN WIE DIE HALBLINGE – VON DER SCHÖNSTEN KUNST
104 Seiten, Hardcover, 21 x 20 cm
ISBN 978-3-938922-42-2, 19,90 Euro

WWW.ZAUBERFEDER.DE · WWW.ZAUBERFEDER-SHOP.DE